Il grande libro del Cane Corso

Vanessa Richie

LP Media Inc. Editoria

Testo copyright © 2025 di LP Media Inc.

www.lpmedia.org

Dati di Catalogazione

Vanessa Richie

Il grande libro del Cane Corso ----Prima edizione.

Sommario: «Crescere con successo un Cane Corso, dal cucciolo alla vecchiaia» – Fornito dall'editore.

ISBN: 978-1-961846-68-5

[1. Cani Cane Corso — Saggistica] I. Titolo.

Questo libro è stato scritto con l'intento di fornire informazioni accurate e autorevoli riguardo all'argomento trattato. Sebbene ogni ragionevole precauzione sia stata adottata nella preparazione di questo libro, l'autore e l'editore declinano espressamente ogni responsabilità per eventuali errori, omissioni o effetti avversi derivanti dall'uso o dall'applicazione delle informazioni contenute all'interno. Le tecniche e i suggerimenti devono essere utilizzati a discrezione del lettore e non intendono sostituire l'assistenza veterinaria professionale. Se sospettate un problema medico nel vostro cane, consultate il vostro veterinario.

Design di Sorin Rădulescu

Prima edizione italiana, 2025

INDICE

INTRODUZIONE

Il Cane Corso è una razza canina dall'aspetto imponente. È un discendente diretto del molosso romano, termine che descrive perfettamente l'aspetto di questo cane. È un cane di taglia grande che ama e adora le persone che fanno parte della famiglia, ma questo mastino non ama starsene in giro a oziare. Riconosciuto come una delle migliori razze da protezione, il Cane Corso ha un livello di energia che rivaleggia con quello di altre razze da guardia, più che con altri tipi di mastini. Sono anche di taglia più contenuta rispetto ad altri mastini, raggiungendo un massimo di 50 kg invece di avvicinarsi ai 90 kg.

Nonostante la loro capacità di proteggere la casa, il Cane Corso è un cane che adora i membri del suo branco in un modo che sembra incompatibile con la sua natura protettiva. Naturalmente, pensano anche di essere cani da compagnia di piccola taglia, e vorranno stare con te (o riposare su di te) il più possibile. Data la loro mole, non vorrai incoraggiare questo desiderio, visto che non sarà comodo per te. Ci sono però molti altri modi per goderti il tempo con il tuo Cane Corso. Sono giocosi e affettuosi, e questo significa che possono essere ottimi compagni di esercizio o escursioni, partner di addestramento o compagni di gioco. L'entusiasmo di scorrazzare in giardino, su un sentiero o in un corso di addestramento ti farà sentire molto meglio, non importa quanto sia stata dura la tua giornata. Una volta che hai un Cane Corso nella tua casa, però, può essere difficile vivere senza di lui.

Data la loro natura protettiva, la socializzazione è essenziale per questa razza per garantire che non diventino aggressivi. Richiedono persone che sappiano essere ferme e coerenti. La natura intelligente e testarda del Cane Corso lo rende una scelta poco adatta per famiglie che non hanno mai avuto un cane in casa o che hanno bambini piccoli. Sono anche un'aggiunta difficile in case con gatti e piccoli animali, poiché hanno un forte istinto predatorio. Anche se vorrà stare con te quasi tutto il tempo, il tuo Cane Corso probabilmente non sarà molto esigente nel richiedere la tua attenzione: per la maggior parte di loro, è sufficiente semplicemente starti vicino. Assicurarti che il tuo cucciolo e il cane adulto facciano adeguato esercizio fisico può ridurre significativamente i problemi in cui il tuo amico a quattro zampe potrebbe cacciarsi più spesso.

CAPITOLO 1.
La lunga storia del Cane Corso

I Cane Corso è simile a molti altri importanti cani da guardia occidentali; la razza ha radici che risalgono all'epoca dei Romani. Nel corso del tempo, questi cani divennero sempre meno comuni fino a rischiare l'estinzione. L'entusiasmo e la dedizione dei proprietari di Cane Corso hanno permesso alla razza di fare un ritorno in grande stile e oggi sta crescendo in popolarità, in particolare come grande guardiano che può essere un'ottima aggiunta alla famiglia.

L'antica e misteriosa storia delle razze molossidi

I molossoidi sono un'antica tipologia di cani oggi meglio conosciuti come mastini. Mentre Mastiff si riferisce a una razza specifica (il Mastiff Inglese), esistono diversi tipi di mastini. Ciò che tutti hanno in comune è che discendono da una razza originaria della Grecia. Alcuni dicono che il nome Molosso derivi dal Re Molosso, nipote del mitico Achille. Lui e il suo popolo erano navigatori, pescatori e uomini che vivevano del mare. I loro cani erano una parte importante della loro vita, anche in mare. Si ritiene che sia i mastini che altre razze di tipo bull discendano da questi cani mitici. La ferocia e la lealtà della leggendaria razza Molosso si vedono ancora oggi in queste razze.

Al di là della leggenda, esiste una considerevole quantità di storia documentata sui molossoidi risalente fino al 1121 a.C. A quel tempo, un Molosso fu donato all'imperatore cinese come regalo dai Greci. In seguito, la razza fu commerciata in tutto il mondo conosciuto: Africa, Asia ed Europa. Poiché questi cani furono distribuiti su un'area così vasta, si incrociarono con razze indigene di numerose regioni. Questo spiega perché oggi esistono così tante razze imparentate con questo antico ceppo.

Erano popolari a Babilonia durante il IV secolo a.C. e la loro immagine è inclusa tra le raffigurazioni negli antichi manufatti in terracotta. Furono menzionati da Aristotele ed erano noti per cacciare con gli antichi Assiri. Venivano spesso utilizzati per assistere i soldati in guerra.

Le numerose rappresentazioni mostrano un cane molto grande e muscoloso che sarebbe intimidatorio anche oggi. In queste raffigurazioni, si possono vedere le radici sia dei mastini che dei bull, i quali si sono evoluti nel corso di un paio di millenni.

Il Cane Corso, un molossoide più snello ed energico

«I Cane Corsi sono molto simili ad altre razze molossoidi e di tipo bull. Credo che ciò che li distingua sia che ottieni un mastino senza compromettere l'agilità. Possono correre, nuotare, saltare e molto altro».

Christy Tripp
Tripp's Cane Corsi

Il Cane Corso è uno dei tanti discendenti del mitico Molosso, e ha mantenuto molti dei tratti fisici presenti nelle raffigurazioni dell'antica razza. Le differenze notevoli sono che il Cane Corso è molto più snello, sebbene ancora muscoloso rispetto ai suoi antenati. Il cambiamento non è avvenuto da un giorno all'altro, ma nel corso di circa duemila anni. Mentre diversi tipi di mastini e bull venivano creati in tutto il mondo, il Cane Corso si evolveva a Roma.

Cani da guerra romani

I Romani sembrano aver acquisito i loro molossoidi dalle incursioni in Grecia. Chiamarono i loro cani Canis Pugnax, che si traduce in «cani da guerra», termine che mostra per quale motivo i Romani iniziarono a selezionare specificamente i molossoidi, arrivando a quello che un giorno sarebbe diventato il Cane Corso. Quando i Romani iniziarono a utilizzare i cani in guerra, erano guerrieri ausiliari. La seconda razza di mastino italiano è il Mastino Napoletano, che iniziò a essere selezionato più o meno nello stesso periodo. Mantiene maggiormente l'aspetto massiccio del Molosso ed era utilizzato come razza più pesante per condurre la guerra. Col tempo i Romani iniziarono a identificare la razza leggera come Cane Corso, che si traduce in «cane guardiano».

Da cani da guerra a cani da lavoro

Dopo la caduta di Roma, i molossoidi e le sempre più numerose razze discendenti iniziarono a essere impiegati in modi diversi dalla guerra. Le tribù germaniche che presero il controllo di gran parte dell'Europa occidentale iniziarono ad assegnare nuovi compiti al cane che era stato così abile nel combattimento. Mentre viaggiatori e mercanti avevano bisogno di protezione, la maggior parte dei cani si rivelò più adatta ad aiutare nella caccia alla grossa selvaggina. Invece di viaggiare, questa razza veniva spesso utilizzata per aiutare a proteggere agricoltori e persone con proprietà. Grazie all'intelligenza della razza, sono stati facili da riaddestrare nel corso dei secoli, rendendoli una risorsa preziosa per le case di tutta Italia.

Mentre i molossoidi venivano incrociati con altri cani in tutto il mondo, entrambe le razze che rimasero in Italia divennero presto familiari solo alle persone all'interno del Paese. A differenza del Mastino Napoletano, il Cane Corso continuò a essere attivo, correndo con cacciatori e bestiame. Questo gli permise di preservare gran parte della resistenza e del livello di attività

*Foto di
Adrianne Collins*

dei cani che avevano combattuto per i Romani. Divennero importanti per gli abitanti di tutta Italia, ma erano in gran parte sconosciuti altrove. In seguito agli eventi che devastarono l'Italia durante la Seconda Guerra Mondiale, gran parte della cultura italiana più antica fu minacciata, compresa l'esistenza di questo canino altamente amabile e protettivo.

Salvato dall'orlo dell'estinzione

Viste le preoccupazioni più importanti e i drastici cambiamenti nella vita quotidiana che si verificarono in tutta Europa durante gli anni '30 e '40, si prestò poca attenzione alla cultura. Era già difficile vivere giorno per giorno, quindi arte, storia e cultura vennero in gran parte trascurate. Questo si rivelò dannoso per il Cane Corso, perché esisteva principalmente solo all'interno del Paese.

Alcuni decenni dopo, il Cane Corso era sull'orlo dell'estinzione. Furono solo i bei ricordi che alcuni italiani avevano della razza a impedire che diventasse una tragica nota a piè di pagina delle cose perse a causa della guerra. Un piccolo gruppo di persone che ricordava la razza e desiderava vederla tornare in auge iniziò a discutere su come riportarla alla sua popolazione precedente a partire dagli anni '70. Solo 70 anni prima, la razza era stata un elemento fondamentale della vita quotidiana: il gruppo desiderava vedere il ritorno del cane, anche se in una capacità diversa. Considerando quanto i loro compiti erano cambiati nel corso degli anni, non sarebbe stato difficile trovare un nuovo scopo per loro. Il problema era trovare abbastanza cani per rivitalizzare la razza senza incorrere nei rischi associati a un pool genetico troppo ristretto. I volontari iniziarono a cercare nei molti villaggi remoti in Italia per trovare cani che potessero avviare il processo di rivitalizzazione. Mentre le aree più popolate non avevano bisogno del cane durante il periodo di ripresa post bellico, i villaggi remoti e le piccole città potevano ancora giovare da un cane da lavoro forte e leale.

Durante il decennio successivo, alcuni esemplari della razza raggiunsero gli Stati Uniti. Vent'anni dopo che gli italiani avevano iniziato a lavorare per riportare in auge la razza, l'Ente Nazionale della Cinofilia Italiana la riconobbe come razza ufficiale (1994), seguita tre anni dopo dal riconoscimento da parte della FCI. L'American Kennel Club ha atteso fino al 2010 per riconoscere questo fedele e amabile cane.

Oggi, la razza è diventata in gran parte un cane da famiglia, pur continuando a essere protettivo nei confronti dei suoi membri. Il loro atteggiamento duro e risoluto non inganna più le persone che li conoscono: con la loro famiglia, è praticamente impossibile immaginarli essere qualcosa di diverso da grandi amici giocherelloni.

Legislazione sulle razze e liste di restrizione

Uno dei problemi principali nell'adottare qualsiasi razza nota per essere protettiva è che governi e aziende spesso le regolamentano o le vietano del tutto. In Italia, ad esempio, per un certo periodo è stata in vigore la cosiddetta lista delle razze pericolose.

Il Cane Corso può essere un cane fantastico, ma questa è una razza che richiede una mano ferma. Senza un addestramento costante e deciso e una regolare e precoce socializzazione, possono diventare problematici. Tutte le razze protettive richiedono più attenzione a questi requisiti rispetto ad altri cani, perché le loro nature protettive devono essere tenute sotto controllo. Devono imparare ad ascoltare i loro proprietari. Senza il giusto tipo di attenzione, il Cane Corso e tutti i cani protettivi potrebbero essere potenzialmente pericolosi.

Tuttavia, non rappresentano un grande rischio per le persone: il problema è più probabile con gatti e altri piccoli animali. Questa è una razza abituata a inseguire e uccidere altri animali. Gatti e piccoli animali da compagnia potrebbero non essere lo stesso che inseguire grossa selvaggina (come cinghiali e cervi), ma sono sicuramente qualcosa che il Cane Corso può facilmente trovare e inseguire. Considerata anche la disposizione territoriale, questa è una razza che deve essere presa sul serio quando non trascorre il tempo con la famiglia: ciò significa che quando escono di casa o sono in giardino, devi tenerli sotto controllo.

CAPITOLO 2.
Un guardiano fedele e affettuoso dal portamento imponente

Un Cane Corso adulto ha l'aspetto di un cane che la gente tende a evitare: con i suoi muscoli possenti e la struttura solida, non è certo una razza di piccola taglia. Possedere una di queste razze protettive rappresenta un ottimo deterrente contro ladri ed estranei, poiché i Cane Corso tendono a essere territoriali e protettivi. Per quanto possano apparire intimidatori, quando sono con la loro famiglia, i Cane Corso non potrebbero essere più diversi. Una delle loro specialità è divertirsi in molte attività diverse e comportarsi in modo giocoso. Con l'addestramento giusto, questa razza può essere un'aggiunta meravigliosa alla tua casa e alla tua famiglia.

Le caratteristiche fisiche distintive del Cane Corso

«Secondo me, il Cane Corso è una delle razze canine esteticamente più belle in assoluto. Quando siamo in pubblico, i miei cani sono sempre al centro dell'attenzione (che mi piaccia o no)».

Sabastian Freitas
Freitas Cane Corsos

Come membro della famiglia dei molossoidi, il Cane Corso è un cane di taglia grande, con un peso che varia tra i 38 e i 50 kg da adulto. Tendono a misurare tra i 60 e i 68 cm da terra alla testa: questo significa che potrai accarezzare comodamente la testa del tuo cane senza doverti chinare molto (o per niente). Quando hanno un peso salutare, presentano una muscolatura snella che li rende incredibilmente attivi pur essendo robusti come altri molossoidi.

Il mantello può avere diverse colorazioni:

- Nero
- Grigio, dal chiaro allo scuro

- Fulvo chiaro
- Fulvo scuro
- Tigrato

Ognuno di questi colori può presentare macchie bianche, conferendo a ciascun cane un aspetto unico. I punti più comuni per le macchie bianche sono il naso, il mento, il petto e le zampe. Il loro pelo è corto, ma possono perderne in grandi quantità. Sono necessarie spazzolature regolari per ridurre la quantità di pelo in casa, soprattutto in inverno.

Hanno teste grandi con guance cadenti. Le loro orecchie sono grandi e naturalmente pendenti. In passato era comune tagliarle, ma non è necessario, così come non lo è l'amputazione della coda: questa è una pratica comune per i cani da guardia, ma non è qualcosa di necessario, e c'è un numero crescente di persone contrarie a queste pratiche poiché non offrono alcun reale beneficio al cane o alla sua salute.

Problemi di salute comuni nei Cane Corso

Il problema di salute più grave per la razza è la torsione gastrica (Capitolo 17), che può essere fatale. La torsione è un problema comune a tutti i cani con una struttura simile. La razza ha un torace ampio e un girovita più stretto: questa struttura facilita la rotazione dello stomaco, bloccando l'entrata e l'uscita dello stesso. Questo è un problema fatale se non viene affrontato rapidamente.

Grazie all'attenta selezione di questi cani durante la fine del XX secolo, questa non è una razza con molti potenziali problemi genetici. Come tutte le razze di taglia grande, possono avere problemi alle ossa e alle articolazioni quando invecchiano. Quando il tuo cucciolo entrerà nella seconda metà della sua vita, dovrai monitorare i segni di displasia dell'anca.

Gli unici altri problemi genetici comuni sono associati agli occhi. Dovrai fare attenzione all'occhio a ciliegia (prolasso della ghiandola della terza palpebra) e all'entropion. I problemi agli occhi sono trattati più in dettaglio nel Capitolo 17.

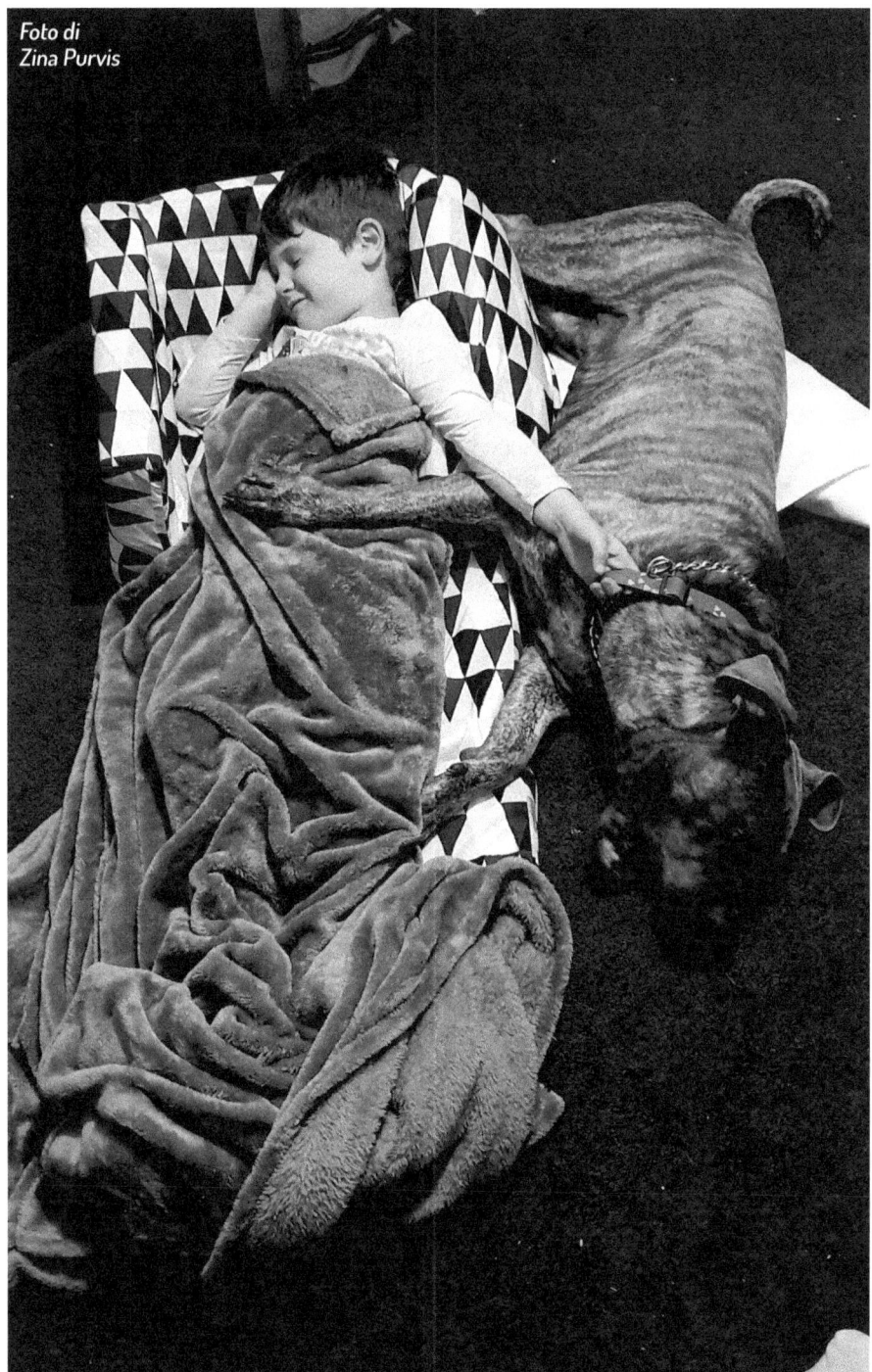

Foto di
Zina Purvis

Avvertenze sui molossidi: bava, flautulenza, sbuffi e russamento

Sebbene i Cane Corso possano differire dagli altri molossoidi in diversi modi, hanno molto in comune con queste razze. Sfortunatamente, ciò include eccessiva salivazione, flatulenza, sbuffi e russamento. Imparerai rapidamente a conviverci, ma all'inizio tutte queste attività possono essere incredibilmente scioccanti, se non addirittura sgradevoli.

Quando hai un molossoide, una delle prime cose che impari – praticamente indipendentemente dalla razza – è che quando sono in giro, te lo fanno sentire. Dato che il tuo Cane Corso rimarrà praticamente sempre nella stessa stanza in cui ti trovi tu, sentirai sbuffi e russamenti quasi di continuo. Il silenzio completo sarà un ricordo del passato. Tieni presente che russeranno per tutta l'età adulta, quindi dovrai imparare a dormire nonostante quei forti russamenti, soprattutto quando il tuo amico a quattro zampe raggiungerà l'età d'oro.

Quelle guance pesanti e cadenti saranno produttrici prolifiche di bava. Dal terreno inzuppato intorno alla ciotola dell'acqua alla loro cuccia, il tuo cane lascerà segni del suo passaggio ovunque. Quando tirerai fuori i premi per una sessione di addestramento, vedrai fili di bava pendere dalle loro bocche un istante dopo aver sentito il fruscio di quel sacchetto di bocconcini. Lo stesso accadrà dopo una corsa. Se riesci a trovare un esemplare con labbra più strette, la salivazione sarà molto meno comune. Se questo è importante per te, chiedi quanto sbavano i genitori per aumentare le probabilità che il tuo cucciolo sbavi meno.

Infine, i molossoidi hanno una struttura fisica che favorisce qualcosa che infastidisce molte persone: sono incredibilmente flatulenti. Dopo aver mangiato o al mattino, è probabile che rilasceranno i loro gas mentre stai cercando di rilassarti. Puoi ridurre questo problema offrendo al tuo Cane Corso una dieta naturale che includa cibi freschi invece di cibo commerciale, ma preparare i pasti può richiedere molto tempo. Dopo un po', ti abituerai e probabilmente non ti darà più tanto fastidio: diventerà semplicemente uno scherzo in famiglia mentre il tuo cucciolo ti sorride felicemente.

Nonostante tutto questo, sono una razza straordinaria, molto più piacevole da avere intorno che fastidiosa (a patto che li socializzi e li addestri correttamente). Le persone che amano la razza vedono questi tratti come piccole debolezze che li rendono ancora più adorabili.

Un cane da famiglia affettuoso e vigile, ma riservato e distaccato con gli estranei

Questa razza è stata selezionata per secoli per la protezione, e la lealtà e la capacità di proteggere sono state le loro caratteristiche principali per altrettanto tempo. Questo significa che sono incredibilmente affettuosi con le persone che conoscono, ma possono essere molto diffidenti verso gli estranei. Per evitare che diventino un problema, i Cane Corso richiedono una socializzazione precoce sia con altri cani che con le persone. Senza un approccio completo alla socializzazione, potresti scoprire di non poter portare con te il tuo cane in escursioni o altre forme di esercizio a causa delle sue tendenze protettive.

Avere un Cane Corso diffidente è molto diverso dall'avere un Cane Corso aggressivo. Quella naturale sicurezza assertiva e vigilanza può essere utilizzata per goderti le vostre uscite, a condizione che tu abbia insegnato al tuo cane che la maggior parte degli estranei può essere ignorata.

A casa, dovrai principalmente insegnargli a gestire le sue energie. Se non addestrati correttamente, potrebbero eccitarsi troppo, correndo per casa e facendo cadere le persone: con questa taglia, possono fare seri danni. Quando sarà il momento di rilassarsi, saranno più che felici di sdraiarsi vicino a te e semplicemente godersi la vicinanza della famiglia.

Troppo impegnativo per proprietari alle prime armi?

«Di solito non sono ideali per chi possiede un cane per la prima volta. Sono anche testardi e indipendenti, e richiedono un proprietario che affermi una mentalità da «capobranco». Le persone che non hanno personalità forti dovrebbero probabilmente cercare un'altra razza. I Cane Corso sono estremamente sensibili nel cogliere i segnali dei loro proprietari. I proprietari insicuri di sé stessi o dei loro cani spesso finiscono con un cane ansioso o aggressivo, e molti di loro non possono essere riadottati a causa dei rischi».

Christy Tripp
Tripp's Cane Corsi

Il Cane Corso ha un lungo lignaggio, e gli adulti che sanno come gestire un cane muscoloso e dal carattere forte possono mantenerlo felice e al sicuro. Tuttavia, per famiglie o persone che non hanno mai avuto un cane prima o che hanno avuto solo cani piccoli, il Cane Corso non è il cane giusto: non sono solo intelligenti, ma anche testardi, il che significa che richiedono qualcuno che sappia come addestrare un cane. Questo è quasi impossibile se non hai già avuto un cane da cui imparare. Sono cani straordinari, ma aiutarli a raggiungere il loro pieno potenziale può richiedere molto lavoro.

Dalle attività per farli sfogare alle migliori tecniche di addestramento in caso di problemi, c'è molto che dovrai ricercare prima di portare a casa il tuo Cane Corso. Se non sei sicuro di poter gestire un cane così sicuro di sé e protettivo, risparmia a te stesso e al cane il dolore di doverli separare in seguito. Come tutti i cani intelligenti e di grossa taglia (anche i gentili Retriever), devi avere una mano ferma e guadagnarti il rispetto del tuo Cane Corso per garantire che sia un'aggiunta felice alla casa. Il tuo Cane Corso vorrà proteggerti, quindi devi fare la tua parte per proteggere il tuo Cane Corso da impulsi che potrebbero essere dannosi per la felicità tua e del tuo cane.

Se non hai mai avuto un cane, è meglio prendere un cane più facile da addestrare e molto meno testardo. Fai un percorso graduale verso le razze protettive, iniziando con razze facili per poi passare a razze piccole e intelligenti. Una volta che hai un'idea di come trattare un cane intelligente e come farti ascoltare, allora potresti essere in grado di gestire un Cane Corso.

Se riesci a trovare qualcuno che ha un Cane Corso (o un'altra razza protettiva come un Pastore Tedesco, o un Dobermann), chiedigli com'è addestrarli e quanto devi essere fermo. Non devi essere cattivo, solo deciso. La coerenza è una gran parte dell'insegnare a queste razze che intendi ciò che dici.

È anche una buona idea fare esperienza con una razza piccola, intelligente e testarda, come un Corgi, per imparare il modo migliore di addestrare un cane. Imparare con un amico o un altro membro della famiglia non è proprio come vivere l'esperienza quotidiana dell'addestramento.

Foto di
Cindy Carroccio

Una cosa comune alla maggior parte dei cani intelligenti è che richiedono che tu dimostri di essere capace di essere il capo. Questo è particolarmente vero per le razze protettive: spesso vogliono essere loro a comandare; quindi, devi dimostrare che dovresti essere tu l'alfa della casa. Se puoi dimostrare di essere coerente e capace di prenderti cura di tutti, il tuo cane non sarà un problema. Tieni presente che essere fermo e coerente non è la stessa cosa che essere duro o freddo. Le razze protettive richiedono amore e affetto positivo per diventare il tipo di cane che vuoi nella tua casa. È un equilibrio delicato che è quasi impossibile da raggiungere se non hai mai avuto un cane.

Tutte le razze da guardia protettive richiedono molto tempo e attenzione, più di quanto la maggior parte delle persone sia preparata a dare quando le adotta. Questo può portare a problemi significativi. Determinare se sei adatto al tuo cane è importante tanto quanto determinare se il tuo cane è adatto alla tua casa. Il miglior proprietario per un Cane Corso è assertivo e calmo. I Cane Corso preferiscono anche un ambiente strutturato, poiché una routine prevedibile può mantenerli a loro agio.

È importante anche dedicare tempo al tuo Cane Corso, e non solo per l'esercizio fisico: amano essere accarezzati e che si giochi con loro. Quando si appoggiano a te, è il loro modo di abbracciarti, e dovresti ricambiare. Sebbene possano essere ottimi cani da guardia e protettori, i Cane Corso richiedono in cambio attenzione e affetto.

CAPITOLO 3.
Trovare il tuo Cane Corso

Se sei arrivato a questo punto, ci sono buone probabilità che tu sia entusiasta all'idea di addestrare e goderti questa razza incredibilmente affettuosa e fedele. Se sei in grado di gestire un cane intelligente, testardo e muscoloso, allora ti aspetta qualcosa di davvero speciale adottando un Cane Corso.

La ricerca del tuo nuovo membro della famiglia richiederà del tempo, anche se decidi di adottare un adulto. Nonostante i pochi problemi noti, possono sorgere molte complicazioni da un allevamento improprio e da cure inadeguate all'inizio della vita del Cane Corso. Fortunatamente, si tratta di una razza meno comune e chi la alleva tende a essere molto responsabile – oltre a essere capace di gestire più cani potenti e testardi – il che significa che probabilmente troverai allevatori incredibilmente competenti e premurosi con i cuccioli. Per assicurarti di ottenere un cucciolo sano che sarà il tuo affettuoso compagno il più a lungo possibile, devi trovare un allevatore rispettabile che si preoccupi più dei cuccioli che del denaro. Con un'aspettativa di vita stimata tra i 10 e i 12 anni, vorrai avere la massima protezione

*Foto di
William White*

possibile contro le malattie genetiche: questo significa trovare un allevatore che si assicuri che i suoi cuccioli siano sani.

Cucciolo o adulto

Decidere di adottare un Cane Corso è solo l'inizio. Da lì, devi decidere se vuoi adottare un cucciolo o un adulto. Entrambe le opzioni presentano aspetti positivi e negativi, come per ogni razza. L'approccio all'adozione di un Cane Corso è lo stesso che per la maggior parte delle altre razze; tuttavia, con un cane così protettivo, dovrai fare molte più domande nel caso di adozione di un adulto, in particolare sulle esperienze precedenti del cane.

Adozione

Adottare qualsiasi cane comporta alcuni rischi intrinseci. Sebbene sia possibile trovare cuccioli di Cane Corso nei canili, è molto più probabile che troverai un adulto recuperato. Adottare un Cane Corso più anziano richiederà molto lavoro, e la sua storia è incredibilmente importante, soprattutto se hai già altri animali domestici. Se un cane non è stato adeguatamente socializzato o non si è abituato ai piccoli animali, probabilmente non potrai adottarlo se hai piccoli animali o altri cani in casa.

Le organizzazioni di recupero specifiche per il Cane Corso sono caute nel dare in adozione un cane con problemi di personalità e socializzazione (purtroppo esistono, soprattutto nel caso di cani provenienti da allevamenti intensivi o che hanno avuto proprietari negligenti o violenti prima di essere recuperati). I canili saranno meno attenti, anche se cercheranno sicuramente di far capire ai potenziali adottanti i rischi e i problemi che probabilmente dovranno affrontare con un determinato Cane Corso. Di solito, adottare un Cane Corso adulto comporta più rischi per quanto riguarda il temperamento che per la salute, poiché il processo di allevamento che li ha riportati dal baratro dell'estinzione ha incluso una selezione molto attenta per garantire che i problemi genetici fossero evitati il più possibile.

I vantaggi di adottare un Cane Corso sono molto simili all'adozione di qualsiasi cane da un rifugio, ma la loro natura protettiva pone un rischio maggiore. È molto probabile che non dovrai partire da zero con l'addestramento alla pulizia in casa, il che può essere un enorme vantaggio per le persone che non hanno il tempo di addestrare un cucciolo testardo. I cani adulti sono svegli più spesso dei cuccioli e, sebbene possano impiegare un po' più di tempo per abituarsi a te, puoi creare un legame molto più velocemente con un adulto, a seconda della sua età. I Cane Corso adulti possono essere un po' più diffidenti, specialmente se non sono stati socializzati o sono stati trattati male in precedenza, ma quella disposizione amorevole probabilmente emergerà abbastanza rapidamente una volta che inizieranno a sentirsi al sicuro e a casa. Il tuo nuovo cane potrebbe non voler farsi coccolare da te nei primi giorni, il che può essere un po' demoralizzante, ma dagli tempo: una volta che il tuo cane adulto si legherà a te, sarà come azionare un interruttore dell'affetto, e allora non potrai davvero chiedere un canino più amorevole, leale e protettivo.

Un aspetto comune alla preparazione della casa per i cuccioli è che dovrai rendere la tua casa a prova di cane adottato. Dovrai avere tutto pronto prima dell'arrivo del cane. Date le dimensioni medie di un Cane Corso, dovrai essere molto consapevole degli oggetti alla sua portata – che è chiaramente molto più ampia che con molte altre razze. La maggior parte delle persone pensa che non sia necessario prepararsi per un cane adulto e non si prepara adeguatamente; tuttavia, è meno dispendioso in termini di tempo rispetto alla preparazione di una casa per un cucciolo. Non dovresti tenere il Cane Corso adulto chiuso in un trasportino per la maggior parte del tempo; quindi, almeno all'inizio avrai bisogno di uno spazio ampio per per-

Foto di
Anastasia Lomas

mettere al cane di familiarizzare con te e la tua casa mentre valuti la personalità e le capacità dell'esemplare adulto che hai adottato. È una considerazione piuttosto importante, in particolare se hai altri cani, poiché vorrai garantire l'armonia in casa.

Potresti non essere in grado di ottenere una cartella clinica completa per un Cane Corso adulto, ma è più probabile che troverai un cane che è già stato sterilizzato, oltre che dotato di microchip. A meno che tu non adotti un Cane Corso con problemi di salute (questi dovrebbero essere comunicati dall'organizzazione di recupero, se ne è a conoscenza), la prima visita veterinaria di un cane adottato tende a costare meno rispetto a quella di un cucciolo – per i primi anni probabilmente non pagherai così tanto per prenderti cura della salute del tuo Cane Corso. Passerai però molto più tempo ad addestrarlo e a farlo esercitare. I cuccioli hanno una breve capacità di attenzione, il che equivale a molte brevi sessioni di addestramento. Gli adulti richiedono più attenzione e sessioni di addestramento più lunghe affinché si abituino ad ascoltarti. Questa attenzione dedicata è ottima non solo per insegnare loro le regole della casa, ma anche per creare un legame tra voi.

I cani più anziani ti danno una gratificazione più immediata: non devi vivere quelle notti insonni con un nuovo cucciolo o l'infinita frustrazione che deriva dai primi tipi di addestramento. I Cane Corso più anziani ti permettono di goderti subito il tuo cane mentre vai all'avventura, anche se c'è un periodo di diffidenza e incertezza. Tutti i cani intelligenti e ad alta energia richiedono molto tempo e attenzione da cuccioli; saltare quella fase è una parte importante del fascino dei cani più anziani. Tuttavia, devi essere molto più cauto, poiché probabilmente impiegheranno più tempo per acclimatarsi alla loro nuova area.

Infine, uno dei maggiori vantaggi di prendere un adulto (oltre a saltare l'addestramento alla pulizia in casa) è che avrà già raggiunto la sua dimensione completa: non dovrai indovinare o stimare la taglia che avrà il tuo cane, rendendo molto più facile ottenere l'attrezzatura e i rifornimenti giusti per il tuo cane fin dall'inizio.

Nonostante sia un tipo molto specifico di cane (protettore e guardiano), ci sono numerosi centri di recupero per Cane Corso che possono aiutarti a trovare un adulto che probabilmente si adatterà alla tua situazione.

Non dimenticare che anche gli allevatori possono avere cani più anziani che sono disposti a dare in adozione a una famiglia amorevole. I contratti e le garanzie sono pensati tanto per proteggere i cuccioli quanto le famiglie che li adottano. Se vuoi un adulto, considera di chiamare gli allevatori per vedere se hanno adulti disponibili. Dovrai fare loro una serie di domande diverse rispetto a quelle che faresti se stessi adottando un cucciolo, ma saranno in grado di fornirti molti dettagli sul cane, sulla sua personalità e su potenziali problemi.

Allevamento

Ogni cucciolo richiede molto lavoro a partire dal momento in cui entra sotto la tua cura. Mentre il temperamento della razza è in gran parte prevedibile, il modo in cui addestri e socializzi il tuo cucciolo influenzerà quasi ogni aspetto della vita adulta del cane. La socializzazione per ogni cane inizia quando inizi a prendertene cura, ma con una razza protettiva come il Cane Corso, come inizi quella socializzazione è particolarmente importante. Fin dall'inizio, devi stabilire te stesso e la tua famiglia come quelli al comando, in modo che il tuo Cane Corso capisca la gerarchia dal momento in cui entra in casa tua. Vuoi anche che il cucciolo sappia che la tua casa è sicura e che tutti hanno a cuore il suo interesse. Questo può essere estenuante perché i Cane Corso hanno molta energia fin dalla giovane età: senza un adeguato addestramento e socializzazione, potresti avere un cane troppo esuberante, distruttivo e persino pericoloso.

Foto di
Sy Freitas
Freitas Cane Corsos

Il lavoro per preparare la tua casa ad accogliere il tuo cucciolo inizia molto prima del suo arrivo. Rendere la casa a prova di cucciolo è tanto impegnativo quanto renderla a prova di bambino. Inoltre, per quanto sia essenziale rendere la tua casa a prova di cucciolo, dovrai comunque tenere costantemente d'occhio il tuo cucciolo dopo che il piccolo arriva. Se non hai il tempo di rendere la tua casa a prova di cucciolo, allora considera di prendere un cane adulto (probabilmente dovresti anche considerare una razza diversa, perché un Cane Corso di qualsiasi età portato in casa sarà un grande investimento di tempo).

I cuccioli di Cane Corso sono assolutamente adorabili e non capiscono davvero i propri limiti: sta a te fornire la protezione di cui hanno bisogno per essere al sicuro e incolumi. Puoi aspettarti un'esperienza unica crescendo il tuo cucciolo, perché avrà parecchia personalità e sarà molto curiosi del mondo che lo circonda. Il fatto che crescano così rapidamente significa che devi avere tutto pronto entro i primi mesi, perché il tuo cucciolo sarà presto in grado di raggiungere gli oggetti su scaffali e tavoli.

Dal lato positivo, avrai più tempo per vivere insieme a un cucciolo che con un adulto. Avrai anche documenti sul cucciolo e sui suoi genitori, rendendo più facile identificare i potenziali problemi di cui il tuo Cane Corso potrebbe soffrire. Questo rende considerevolmente più facile assicurarsi che il tuo cucciolo rimanga sano e individuare potenziali problemi prima che diventino gravi.

Alcune persone trovano più facile creare un legame con i cuccioli che con i cani adulti. Un cucciolo giovane sarà nervoso in una nuova casa, ma la maggior parte si adatta rapidamente perché sono predisposti a godersi la compagnia di coloro che li circondano. Il tuo compito principale sarà proteggere il tuo cucciolo e assicurarti di addestrarlo con pazienza. Tratteremo questo argomento più approfonditamente in un capitolo successivo.

Trovare un allevatore responsabile è la cosa migliore che puoi fare per il tuo cucciolo, poiché i buoni allevatori lavorano solo con genitori sani, riducendo le probabilità che un cucciolo abbia gravi problemi di salute. Prenditi sempre il tempo per fare ricerche sugli allevatori. Anche se questa è una razza che richiede più manutenzione – o almeno, richiede più attenzione alla socializzazione e all'addestramento quasi dall'inizio – la maggior parte delle persone non disposte a dedicarvi tempo non lo farà. Sebbene gli allevatori di Cane Corso siano in gran parte rispettabili, ciò non significa che non ce ne saranno alcuni più interessati al guadagno; è semplicemente meno probabile a causa del maggior lavoro richiesto dalla razza.

Adottare un Cane Corso

«Se decidi di adottare, devi sapere come gestire eventuali situazioni stressanti per il cane. Non consiglio l'adozione se ci sono bambini molto piccoli in famiglia solo perché non conosci la storia, le linee o i temperamenti acquisiti dal cane che stai considerando.»

Vicky Glisson
Cape Fear Cane Corso

Se sei interessato a valutare l'adozione da un centro di recupero, dovresti tenere a mente diverse cose. Questa sezione copre le principali domande che dovresti porre al centro. Se stai considerando di adottare un cucciolo da un centro di recupero invece che da un allevatore, fai le stesse domande fornite nella sezione per sapere cosa chiedere prima di adottare un cucciolo.

Se ti rivolgi a un allevatore per adottare un adulto, puoi usare questa sezione anche per farti un'idea delle domande che dovresti porgli.

Domande da porre prima dell'adozione

Per avere un'idea migliore dell'organizzazione di recupero e di quanto sanno sui cani che danno in adozione, poni le seguenti domande.

- Qual è stato il motivo per cui il cane è stato ceduto?
- Il cane aveva problemi di salute quando è arrivato?
- Sanno come il cane è stato trattato dalla famiglia precedente (incluso che tipo di addestramento ha ricevuto, se è stato maltrattato o se è stato socializzato)?
- In quante case è stato il cane?
- Che tipo di cure veterinarie ha avuto il cane? Hanno documenti da prima che il cane arrivasse sotto la loro cura?
- Il cane richiederà cure mediche extra in base a problemi noti o sospetti?
- Il cane è addestrato alla pulizia in casa?
- Come reagisce il cane agli estranei e alle passeggiate in aree familiari?
- Il cane cammina bene al guinzaglio o sarà necessario un'imbracatura speciale?

- Il cane ha buone abitudini alimentari? Tende a essere più aggressivo quando mangia?
- Come reagisce il cane ai bambini e ad altri animali domestici?
- Il cane ha restrizioni dietetiche aggiuntive note?
- L'organizzazione riprenderà il cane se vengono identificati problemi con il cane dopo l'adozione?

Un avvertimento: il Cane Corso in una casa con più animali domestici

«I Corso adulti possono essere depressi per giorni, a volte settimane, dopo essere arrivati in una nuova casa. La maggior parte dei Corso adulti non accetta bene di essere scagliata in un'altra famiglia (branco) con altri cani, e soprattutto altre razze dominanti.»

Tina Frey
Cypress Arrow Kennels

Qualsiasi razza dotata di un alto istinto predatorio come il Cane Corso è un potenziale pericolo per i piccoli animali in casa tua, compresi i cani di piccola taglia. È più probabile che vogliano inseguire e giocare con quegli animali in un modo che non è accettabile. Se il centro di recupero non sa dirti se il cane è abituato ai piccoli animali domestici, è meglio non portarlo in casa tua se altri piccoli amici pelosi. Dovrai trovare un Cane Corso adulto che non inseguirà il tuo gatto, il tuo cane di piccola taglia o altri piccoli animali domestici.

Devi stare attento anche se hai cani più grandi: è possibile che portare un Cane Corso adulto in casa tua con altri cani si trasformi in un disastro, se il cane non è stato adeguatamente socializzato o non è abituato a condividere una casa con un altro cane. Data la natura potenzialmente aggressiva e protettiva della razza, devi assicurarti che qualsiasi cane adulto che adotti abbia esperienza di vita con cani adulti.

Scegliere un cane adulto da un allevatore

Gli allevatori possono essere un'ottima fonte per adottare Cane Corso più anziani, in particolare se hai già animali domestici in casa. Poiché l'adulto vive attualmente con altri cani, significa che ha un certo livello di socializzazione. Gli allevatori hanno anche una conoscenza più completa della storia del Cane Corso, che è sempre preferibile per le razze pure.

Adottare da un allevatore

«*Se scegli di prendere un cucciolo, informati sui temperamenti dei genitori. Questo include il livello di attività, l'aggressività, la dominanza e l'addestrabilità. Se possibile, vai a visitare la struttura. Guarda il posto dove i cuccioli sono allevati, incontra gli allevatori e i loro cani. Guarda dove tengono i loro cani; sono compagni di famiglia o tenuti in recinti all'aperto? Li crescono con bambini, gatti o li espongono ad altri animali? Diffida delle persone che non ti permettono di vedere la loro struttura.*»

Christy Tripp
Tripp's Cane Corsi

Se stai adottando un cucciolo da un allevatore, devi assicurarti di condurre una ricerca approfondita prima di prendere la tua decisione finale.

*Foto di
Hydro K-9*

Scegliere un allevatore

«L'allevatore che scegli dovrebbe conoscere le sue linee e quali temperamenti e istinti produrrà la coppia che ha allevato. Il tuo allevatore dovrebbe conoscere la struttura della tua famiglia (se ci sono bambini piccoli in casa), la tua esperienza (o non-esperienza) con i cani in generale e con le razze forti e dominanti in particolare, e i tuoi obiettivi personali per il tuo cane. Dovresti poter contare sul tuo allevatore per aiutarti a scegliere un cucciolo che si adatterà alla tua famiglia e al tuo stile di vita.»

Vicky Glisson
Cape Fear Cane Corso

Una volta che capisci abbastanza sulla razza da sapere cosa ti aspetta, è il momento di iniziare a parlare con gli allevatori. L'obiettivo è determinare quali allevatori sono disposti a prendersi il tempo per rispondere pazientemente e accuratamente a tutte le tue domande. Dovrebbero provare per i loro Cane Corso lo stesso amore che vorrebbero tu provassi per il tuo nuovo cucciolo, e dovrebbero voler assicurarsi che i loro cuccioli vadano in buone case.

Se trovi qualcuno che pubblica regolarmente foto e informazioni sui genitori e sui progressi della gravidanza della madre e delle visite veterinarie, è un ottimo segno. I migliori allevatori non solo parleranno dei loro cani e dei piani futuri per i genitori, ma rimarranno in contatto con te dopo che avrai portato il cucciolo a casa e risponderanno a qualsiasi domanda che sorgerà in seguito. Questi sono i tipi di allevatori che probabilmente hanno liste d'attesa. L'interesse attivo nel voler sapere cosa succede ai cuccioli una volta lasciato l'allevamento dimostra che tengono molto a ogni singolo cane. Vorrai anche trovare un allevatore che sia disposto a parlare dei potenziali problemi comuni con i Cane Corso. Questa non è una razza che dovrebbe essere adottata senza considerevole riflessione e impegno: i buoni allevatori vorranno assicurarsi che la famiglia che adotta i loro cuccioli sia capace di socializzare e addestrare adeguatamente un Cane Corso. Entrambe queste cose sono essenziali da garantire durante la crescita di un cucciolo.

È probabile che per ogni allevatore che chiami, la conversazione durerà circa un'ora. Se un allevatore non ha tempo per parlare e non è disposto a parlare con te in un secondo momento, puoi eliminarlo dalla tua lista. Dopo aver parlato con ogni possibile allevatore, confronta le loro risposte.

Le seguenti sono alcune domande importanti da porre. Assicurati di prendere appunti mentre intervisti gli allevatori:

- Chiedi se puoi visitare di persona. La risposta dovrebbe sempre essere sì: se non lo è, non hai bisogno di chiedere altro. Ringrazia l'allevatore e riattacca. L'allevatore dovrebbe permetterti di visitare la struttura anche se si trova in un'altra regione.

- Chiedi informazioni sui test sanitari e le certificazioni che hanno per i loro cuccioli. Vedremo questi punti più nel dettaglio nella prossima sezione, quindi assicurati di verificare i test e le certificazioni disponibili per ogni allevatore. Se un certo allevatore non ha tutti i test e le certificazioni, considera di rimuoverlo dalla lista.

- Assicurati che l'allevatore si occupi sempre di tutti i requisiti sanitari iniziali dalle prime settimane fino ai primi mesi, in particolare i vaccini. Per avere la sicurezza che siano sani, i cuccioli dovrebbero essere sottoposti a certe procedure prima che lascino la madre. Le vaccinazioni e la sverminazione in genere iniziano intorno alle sei settimane dopo la nascita dei cuccioli, poi devono essere continuate ogni tre settimane. Nel momento in cui il tuo cucciolo è abbastanza grande per venire a casa, dovrebbe essere ben avviato nelle procedure, o addirittura aver completato le prime fasi di queste importanti esigenze di assistenza sanitaria.

- Chiedi se il cucciolo deve essere sterilizzato prima di raggiungere una certa età di maturità. In genere, queste procedure vengono eseguite nell'interesse dei cuccioli.

- Scopri se l'allevatore fa parte di un'organizzazione o gruppo di Cane Corso.

- Chiedi informazioni sulle prime fasi della vita del tuo cucciolo; ad esempio, in che modo l'allevatore prevede di prendersi cura del cucciolo durante quei primi mesi. Dovrebbe essere in grado di fornire molti dettagli e, soprattutto, dovrebbe farlo senza sembrare irritato dalla tua curiosità. L'allevatore ti farà anche sapere quanto addestramento puoi aspettarti che venga impartito al cucciolo prima dell'arrivo a casa tua. È possibile che l'allevatore inizi ad addestrare il cucciolo alla pulizia in casa. Chiedi quanto velocemente il cucciolo ha appreso l'addestramento: vuoi essere in grado di riprendere da dove l'allevatore ha lasciato una volta che il tuo Cane Corso raggiunge la tua casa.

- Vedi che tipo di consigli l'allevatore dà sull'allevamento del tuo cucciolo di Cane Corso. Dovrebbe essere più che felice di aiutarti a fare ciò che è meglio per il tuo cane perché vuole che i cuccioli vivano vite felici e sane. Dovresti anche essere in grado di fare affidamento sulle raccomandazioni, i consigli e le cure aggiuntive dell'allevatore dopo che il cucciolo arriva a casa tua. Fondamentalmente, stai ottenendo supporto clienti, oltre a una grande possibilità di avere un cane sano.

- Quante razze gestiscono all'anno? Quante coppie di genitori hanno gli allevatori? I cuccioli possono richiedere molto tempo e attenzione, e la madre dovrebbe avere un po' di tempo di riposo tra le gravidanze. Informati sulle operazioni standard dell'allevatore per scoprire se si sta prendendo cura dei genitori, trattandoli come preziosi membri della famiglia e non strettamente come un modo per fare soldi.

- Chiedi informazioni sull'aggressività nei genitori. Scopri anche se l'allevatore ha altre razze di cani in casa: i cuccioli hanno un temperamento più malleabile degli adulti; se hanno già avuto un po' di esposizione ad altre razze, può essere più facile integrarli in una casa che ha già dei cani.

Contratti e garanzie

I contratti e le garanzie degli allevatori sono pensati per proteggere i cuccioli tanto quanto sono pensati per proteggere te. Se un allevatore ha un contratto che deve essere firmato, assicurati di leggerlo completamente e di essere disposto a soddisfare tutti i requisiti prima di firmarlo. I contratti tendono a essere abbastanza facili da capire e rispettare, ma dovresti essere consapevole di tutti i fatti prima di accettare qualsiasi cosa. Oltre a versare i soldi per il cucciolo, firmare il contratto indica che intendi prenderti cura del cucciolo al meglio delle tue capacità soddisfacendo i requisiti minimi stabiliti dall'allevatore.

La garanzia stabilisce quali condizioni di salute l'allevatore promette per i suoi cuccioli. Questo in genere include dettagli sulla salute del cane e raccomandazioni sui prossimi passi della cura del cucciolo una volta lasciata la struttura dell'allevatore. Le garanzie possono anche fornire programmi per garantire che l'assistenza sanitaria iniziata dall'allevatore sia portata avanti dal nuovo proprietario del cucciolo. Il contratto spiegherà anche cosa non è garantito. La garanzia tende ad essere molto lunga (a volte più lunga del contratto), e dovresti leggerla attentamente prima di firmarla.

I contratti per il Cane Corso di solito includono clausole specifiche riguardanti la registrazione presso l'ENCI (Ente Nazionale della Cinofilia Italiana), i requisiti per la riproduzione (se applicabili), e le condizioni sotto le quali il cane può partecipare a esposizioni canine. Il contratto può anche contenere requisiti di denominazione, dettagli sulla salute e una stipula per

Foto di
Jessica Tarrant

ciò che accadrà se non potrai più prenderti cura dell'animale. È importante comprendere che alcuni allevatori italiani possono richiedere il diritto di primo rifiuto nel caso tu decidessi di cedere il cane in futuro.

È consigliabile consultare un veterinario indipendente per una visita di controllo entro i primi giorni dall'arrivo del cucciolo, in modo da verificare le condizioni di salute e rispettare eventuali termini della garanzia che richiedono una valutazione veterinaria tempestiva.

Test sanitari e certificazioni

«Assicurati (se possibile) che i genitori del Corso che stai scegliendo siano stati testati per problemi alle anche e privi di malattie congenite.»

Tina Frey
Cypress Arrow Kennels

Un cucciolo sano richiede genitori sani e una storia genetica pulita. Un buon allevatore tiene registri estesi di ogni cucciolo e dei genitori. Vorrai rivedere la storia completa di ciascuno dei genitori per capire quali tratti è probabile che il tuo cucciolo erediti. Presta attenzione alle capacità di apprendimento, al temperamento, all'attaccamento e a qualsiasi tratto di personalità che consideri importante. Puoi richiedere che i documenti ti vengano inviati elettronicamente o ottenerli quando visiti l'allevatore di persona.

Potrebbe volerci un po' di tempo per rivedere le informazioni dell'allevatore su ciascun genitore, ma il tempo trascorso a studiare e pianificare è sempre ben speso. Più sai sui genitori, meglio sarai preparato per il tuo cucciolo. I buoni allevatori pubblicheranno storie e informazioni sui genitori in modo che tu possa leggerli a tuo piacimento.

Quando cerchi un Cane Corso da adottare, ci sono alcune preoccupazioni per la salute su cui dovresti chiedere informazioni agli allevatori o ai gruppi di recupero.

I seguenti sono test sanitari che tutti gli allevatori di Cane Corso dovrebbero effettuare sui loro cani:

- Valutazione dell'anca e del gomito – testare i cuccioli per la displasia
- Valutazione cardiaca – screening per possibili condizioni cardiache genetiche

Gli allevatori che si prendono il tempo di unirsi a uno dei club o organizzazioni di Cane Corso dimostrano che sono seri sulla salute dei loro cuccioli.

Molte di queste organizzazioni richiedono che venga soddisfatto un insieme standardizzato di requisiti; quindi, l'appartenenza di un allevatore a queste organizzazioni indicano affidabilità e rispettabilità. Su internet potrai trovare diversi club e organizzazioni dedicati al Cane Corso.

Selezionare un cucciolo da un allevatore

La selezione del tuo cucciolo dovrebbe essere fatta di persona; tuttavia, puoi iniziare a dare un'occhiata al tuo cucciolo dopo la nascita se l'allevatore è disposto a condividere video e foto. Quando finalmente ti è permesso di vedere i cuccioli di persona, ci sono diverse cose che devi controllare prima di prendere la tua decisione finale. Alcuni dettagli che osserverai sono universali, indipendentemente dalla razza, mentre altri sono specifici del Cane Corso.

- Valuta il gruppo di cuccioli nel suo insieme. Se la maggior parte o tutti i cuccioli sono aggressivi o paurosi, è un'indicazione di un problema con la cucciolata o (più probabilmente) l'allevatore. Ecco alcuni segnali che costituiscono campanelli d'allarme se mostrati dalla maggioranza dei cuccioli:
  - Coda nascosta tra le zampe
  - Ritrarsi dalle persone
  - Piagnucolare quando le persone si avvicinano
  - Attaccare costantemente le tue mani o piedi (oltre a saltare addosso)
- Nota quanto bene ogni cucciolo gioca con gli altri: questo è un ottimo indicatore di quanto bene il tuo cucciolo reagirà a qualsiasi animale domestico che hai già.
- Nota quali cuccioli ti salutano per primi e quali rimangono indietro a osservare.
- I cuccioli non dovrebbero essere grassi o sottopeso, il che, bisogna ammetterlo, può essere difficile da dire con i loro mantelli. Un ventre gonfio è generalmente un segno di vermi o altri problemi di salute.
- I cuccioli dovrebbero avere zampe dritte e robuste. Zampe divaricate possono essere un segno che c'è qualcosa che non va.
- Esamina le orecchie del cucciolo per gli acari, che causeranno secrezioni. L'interno dell'orecchio dovrebbe essere roseo, non rosso o infiammato.
- Gli occhi dovrebbero essere chiari e luminosi.

- Controlla la bocca del cucciolo per gengive rosa e dall'aspetto sano.

- Accarezza il cucciolo per controllare il suo mantello e verifica quanto segue.

  - Assicurati che il mantello sia spesso e pieno. Se gli allevatori hanno permesso al pelo di aggrovigliarsi o di sporcarsi parecchio, è un'indicazione che probabilmente non si stanno prendendo cura adeguatamente degli animali.

  - Controlla pulci e acari passando la mano dalla testa alla coda, poi sotto la coda (le pulci sono più propense a nascondersi sotto la coda della maggior parte dei cani). Gli acari possono sembrare forfora.

- Controlla il posteriore del cucciolo per rossore e piaghe, e vedi se puoi controllare l'ultimo movimento intestinale per assicurarti che sia solido.

Scegli il cucciolo che mostra i tratti di personalità che vuoi nel tuo cane. Se vuoi un cane estroverso, amichevole ed eccitabile, il primo cucciolo a salutarti può essere quello che cerchi. Se vuoi un cane che rifletta sulle cose e lasci che gli altri ricevano più attenzione, cerca un cucciolo che si sieda e ti osservi prima di avvicinarsi.

CAPITOLO 4.
Preparare la tua famiglia

Dai tuoi figli agli altri animali domestici, c'è molto lavoro da fare per preparare la tua famiglia all'arrivo del tuo Cane Corso. Pianifica di trascorrere del tempo con i bambini e gli animali domestici già presenti ben prima dell'arrivo del tuo nuovo membro della famiglia. Iniziare con un cucciolo o con un adulto presenta sfide diverse: devi tenerne conto quando cominci a parlare ai tuoi figli del nuovo cane. Se hai già altri animali domestici, il processo per prepararli sarà abbastanza simile indipendentemente dall'età del nuovo cane: per loro, è più importante prepararsi all'ingresso di un Cane Corso potente, energico e con un forte istinto predatorio.

Costi di mantenimento e budget per il primo anno

Il budget per un cucciolo è molto più elevato di quanto potresti pensare, ma è comunque meno costoso portare a casa un cucciolo che un neonato. Avrai bisogno di un budget, altro motivo per iniziare ad acquistare le forniture qualche mese prima. Quando inizierai ad acquistare gli articoli necessari, potrai farti un'idea di quanto spenderai al mese. Naturalmente, alcuni articoli sono acquisti una tantum, ma molti altri dovranno essere acquistati regolarmente, come cibo e snack.

Inizia a preparare un budget il giorno in cui decidi di prendere il tuo cucciolo. Il costo includerà quello di adozione, che è tipicamente più alto per un cane di razza pura rispetto a un cane recuperato.

Nel tuo budget dovresti includere le spese veterinarie e gli altri costi sanitari,. come le spese per le necessarie vaccinazioni regolari e i controlli annuali.

Se vuoi iscriverti a un'organizzazione di proprietari di Cane Corso, metti in conto anche questa spesa. Ci sono molte attività che puoi fare con i Cane Corso, se vuoi passare del tempo con altri proprietari di cuccioli. Dedicare tempo all'addestramento con altri cani è in realtà consigliato per il Cane Corso, perché ha bisogno di tutta la socializzazione positiva possibile nei primi giorni. Frequentare corsi con altri cani aiuta a socializzare il tuo cucciolo in un ambiente sicuro. Maggiori dettagli saranno forniti in un capitolo successivo; per ora è importante mettere in conto questa spesa extra in

Foto di
William White

modo da poter dare al tuo cucciolo la socializzazione necessaria per aiutarlo a sentirsi a suo agio con altri cani.

La seguente tabella può aiutarti a iniziare a pianificare il tuo budget. Tieni presente che i prezzi sono una media approssimativa e possono essere significativamente diversi in base a dove vivi.

Elemento	Considerazioni	Costi Stimati
Gabbia	Avrà bisogno di due gabbie: una per il cucciolo e un'altra per quando crescerà. Questo spazio dovrebbe essere confortevole, dove il cucciolo dormirà e si riposerà.	Gabbie in metallo: Da 60 a 350 € Gabbia portatile: Da 35 a 200 €
Cuccia	Probabilmente avrà bisogno di due letti: uno per il cucciolo e uno per quando crescerà. Questo sarà posizionato nel trasportino.	10 € a 55 €
Guinzaglio	All'inizio dovrebbe essere corto, poiché è necessario tenere il cucciolo da evitare che si agiti troppo e corra fino alla fine di una lunga corda.	Guinzaglio corto: 6 € a 15 € Allungabile: 8 € a 25 €
Sacchetti per cani per le passeggiate	Se passeggia nei parchi per cani, non sarà necessario. Per chi non ha accesso quotidiano ai sacchetti, è meglio acquistare confezioni per non rimanere senza.	Singoli costano meno di 1 € ciascuno. Pacchi: da 4 € a 16 €

Collare	Probabilmente avrà bisogno di due collari: uno per il cucciolo e uno per un Cane Corso adulto.	10€ a 30€
Tag	Probabilmente saranno forniti dal Suo veterinario. Scopra quali informazioni il veterinario fornisce per le targhette, poi acquisti quelle mancanti. Al minimo, il Suo Cane Corso dovrebbe avere una targhetta con il Suo indirizzo nel caso il cucciolo scappi.	Contatti il Suo veterinario prima di acquistare per verificare se le targhette antirabbiche richieste includono i Suoi contatti.
Cibo per cuccioli	Dipenderà dal fatto che Lei prepari il cibo per il Suo Cane Corso, lo acquisti, o faccia entrambe le cose. Più grande è il sacco, maggiore è il costo, ma meno frequentemente dovrà acquistarlo. All'inizio, avrà bisogno di crocchette specifiche per cuccioli, ma smetterà dopo il secondo anno. Il cibo per cani adulti è più costoso, specialmente per razze grandi come il Cane Corso.	da 9 € a 90 € per sacco
Ciotole per acqua e cibo	Questi dovranno essere tenuti nell'area del cucciolo. Se ha altri cani, avrà bisogno di ciotole separate per il cucciolo.	€10 a €40
Spazzolino/ Dentifricio	Dovrà spazzolare regolarmente, quindi pianifichi di usare più di uno spazzolino durante il primo anno.	€2 a €13
Spazzolare	Il mantello del Cane Corso è incredibilmente facile da mantenere, tuttavia dovrebbe comunque essere spazzolato regolarmente. Da cuccioli, lo spazzolamento è un ottimo modo per creare un legame.	3,50 € a 20 €

Giochi	Sicuramente vorrà procurarsi dei giochi per il Suo cucciolo, e avrà bisogno di giochi per masticatori più aggressivi, anche se il Suo cucciolo li distrugge rapidamente. Continuerà ad acquistare giochi per il Suo Cane Corso adulto per il gioco (costo dei giochi per cani adulti non incluso).	2,00 € I pacchetti di giocattoli variano da 10 a 20 € (più conveniente a lungo termine poiché il Suo cucciolo masticherà rapidamente i giocattoli)
Addestramento bocconcini	Avrà bisogno di quelli fin dall'inizio e probabilmente non sarà necessario cambiare i premi in base all'età del Suo Cane Corso; potrebbe però doverli variare per mantenere l'interesse del Suo cane.	4,50 € a 15 €

Non avrai bisogno di acquistare la versione per adulti di questi articoli prima dell'arrivo del cucciolo, ma dovrai averli entro i primi 6 mesi perché il tuo cucciolo crescerà velocemente. Imposta un budget per i costi iniziali, poi un secondo budget per le versioni per adulti degli articoli che dovranno essere sostituiti man mano che il cucciolo cresce.

Istruire i bambini

Vuoi che il tuo cucciolo si senta a suo agio fin dall'inizio, il che significa assicurarsi che i tuoi figli siano attenti e gentili con il nuovo cane. Inizia a preparare i tuoi figli non appena decidi di adottare il tuo Cane Corso anche se prevedi di prendere un esemplare adulto.

Dovrai essere pronto a ricordare queste regole regolarmente, sia prima dell'arrivo del cucciolo che dopo. La prima volta che i tuoi figli giocheranno con il cucciolo, dovrai essere presente e non potrai lasciarli da soli. In realtà, dovrai supervisionare le interazioni dei tuoi figli con il cucciolo per diversi mesi o più a lungo, a seconda dell'età dei bambini. Gli adolescenti più grandi probabilmente saranno in grado di aiutare con il cucciolo, ma gli adolescenti più giovani e i bambini non dovrebbero essere lasciati soli con il cucciolo per alcuni mesi. Ricorda che dovrai essere molto fermo per assicurarti che il cucciolo non venga ferito o spaventato.

Queste sono le cinque regole d'oro che vuoi assicurarti che i tuoi figli seguano fin dalla prima interazione.

1. Sii sempre gentile e rispettoso.

2. Non disturbare il cucciolo durante i pasti.

3. L'inseguimento è un gioco da fare all'esterno.

4. Non giocare a tira e molla finché il cucciolo non è addestrato.

5. Il Cane Corso deve sempre rimanere saldamente a terra.

6. Tutti i tuoi oggetti di valore devono essere tenuti ben fuori dalla portata del cucciolo.

Poiché i tuoi figli chiederanno il perché, ecco delle spiegazioni approfondite che puoi dare loro. Puoi semplificarle per i bambini più piccoli o per iniziare un dialogo con gli adolescenti.

Sii sempre gentile e rispettoso

I cuccioli di Cane Corso sono molto carini e coccolosi, ma sono anche più fragili di quanto suggerisca il loro aspetto robusto. In nessun momento si dovrebbe giocare in modo brusco con il cucciolo (o con qualsiasi Cane Corso adulto, dal momento che non sempre ricordano quanto sono forti). È importante essere rispettosi del tuo cucciolo per aiutarlo a imparare a essere rispettoso. Insegnare questo ai tuoi figli può essere un compito più difficile, se sono più piccoli.

Questa regola deve essere applicata costantemente ogni volta che i tuoi figli giocano con il cucciolo. Sii fermo se vedi i tuoi figli diventare troppo eccitati o bruschi. Non vuoi che nemmeno il cucciolo si ecciti troppo, perché potrebbe finire per mordere qualcuno. In tal caso, non è colpa sua perché non ha ancora imparato a comportarsi meglio, ma del bambino. Assicurati che i tuoi figli comprendano le possibili ripercussioni di un comportamento troppo brusco.

L'ora dei pasti

I Cane Corso possono essere protettivi nei confronti del loro cibo, specialmente se adotti un cane che si è dovuto arrangiare da solo. Anche se hai un cucciolo, non vuoi che si senta insicuro riguardo al suo cibo, perché questo gli insegnerà a essere aggressivo quando mangia, il che ovviamente non è giusto per il tuo Cane Corso. Un Cane Corso più anziano è più propenso a essere protettivo del proprio cibo se non lo addestri correttamente, il che potrebbe portare a conflitti. Risparmia problemi a te stesso, alla tua famiglia e al tuo Cane Corso assicurandoti che tutti sappiano che l'ora del pasto è il momento in cui il tuo Cane Corso deve stare da solo. Allo stesso modo, insegna ai tuoi figli che anche la loro ora dei pasti è off-limits per il cucciolo, quindi niente cibo dalla tavola.

Cosa fare e non fare durante il gioco – Inseguimento, tira e molla e zampe a terra

Inseguimento

Può essere facile per i bambini dimenticare questa regola quando iniziano a giocare con il cane e tutti si eccitano. L'allontanarsi a breve distanza può rapidamente trasformarsi in un inseguimento; quindi, dovrai assicurarti che i tuoi figli capiscano che non devono iniziare a correre dentro casa. All'esterno l'inseguimento va benissimo, anche se dovrai comunque monitorare i momenti di gioco.

Correre dentro casa è pericoloso per due motivi principali: o darà al tuo cucciolo di Cane Corso l'impressione che la tua casa non sia sicura perché viene inseguito, oppure il tuo cucciolo imparerà che correre dentro casa va bene, il che può essere molto pericoloso man mano che cresce. Una delle ultime cose che vuoi è che il tuo Cane Corso corra a tutta velocità per casa, facendo cadere le persone perché per lui era normale correre in casa quando era cucciolo.

Tira e molla

Il tira e molla è in realtà un gioco che dovrebbe sempre essere messo da parte fino a quando i cuccioli di qualsiasi razza non sono addestrati ad ascoltarti. Prima, devi stabilire cosa è e cosa non è un gioco. Non inviare segnali contrastanti al cucciolo: se giochi troppo presto, incoraggerai il tuo cane a sfidarti. Con un Cane Corso, rischi di incoraggiarlo anche a essere aggressivo per ottenere ciò che vuole, il che è pericoloso.

Come razza protettiva, il Cane Corso ha mascelle molto potenti. Naturalmente, questo non è il caso quando sono cuccioli, e vorranno giocare al tira e molla il più possibile con qualsiasi oggetto, dai giocattoli alle coperte ai cuscini. Tuttavia, questo non è un gioco che i cuccioli dovrebbero fare fino a quando non sono addestrati, poiché sono inclini a dare morsi quando si eccitano e il tira e molla è un gioco che ecciterà parecchio il tuo Cane Corso.

Zampe a terra

Questa è una regola che probabilmente richiederà un bel po' di spiegazioni ai tuoi figli, poiché i Cane Corso sono molto simili a dei peluche, specialmente i cuccioli. Nessuno dovrebbe sollevare il cucciolo da terra. Potresti voler portare in giro il tuo nuovo membro della famiglia o giocare con lui come se fosse un bambino, ma tu e la tua famiglia dovrete resistere a quell'impulso. I bambini in particolare hanno difficoltà a capire questo concetto, perché vedono il cucciolo di Cane Corso più come un giocattolo che come una creatura vivente. Più piccoli sono i tuoi figli, più difficile sarà per loro capire la differenza. È una grande tentazione trattare il Cane Corso come un bambino e cercare di portarlo in braccio come tale, ma questo è incredibilmente scomodo e malsano per il cucciolo. I bambini più grandi impareranno rapidamente che il morso di un cucciolo fa molto più male di quanto si possa pensare: quei piccoli denti sono molto affilati, e non vuoi che il cucciolo venga lasciato cadere. Se i tuoi figli imparano a non sollevare mai il cucciolo, le cose andranno molto meglio. Ricorda: questo vale anche per te, quindi non rendere le cose più difficili facendo qualcosa che dici costantemente ai tuoi figli di non fare.

Tieni gli oggetti di valore fuori portata

Gli oggetti di valore non sono qualcosa che vuoi finiscano nella bocca del cucciolo, che si tratti di giocattoli, gioielli, scarpe, ecc. I tuoi figli non saranno troppo felici che i loro effetti personali vengano masticati da un cucciolo curioso, quindi insegna loro a mettere giocattoli, vestiti e altri oggetti di valore ben fuori dalla portata del cucciolo.

Preparare i tuoi cani attuali

I Cane Corso tendono a essere diffidenti verso altri cani. Quando sono ancora cuccioli, hai una buona opportunità per iniziare a socializzarli con i tuoi altri cani, ma devi fare attenzione per assicurarti che abbiano un'ottima esperienza.

Questo significa che se hai già cani in casa, dovranno essere preparati per il nuovo arrivo.

Ecco i compiti più importanti per preparare i tuoi animali domestici attuali al nuovo arrivo.

- Stabilisci un programma per le attività che dovrai svolgere e le persone che dovranno partecipare.

Foto di
Adam Reininger

- Preserva i posti preferiti e i mobili dei tuoi cani attuali e assicurati che i loro giocattoli e oggetti non siano nello spazio del cucciolo.

- Organizza incontri di gioco a casa tua e analizza i tuoi cani per vedere come reagiscono a una novità.

Attieniti a un programma

Stabilisci un programma che manterrai una volta arrivato il cucciolo. Questo farà capire ai tuoi attuali compagni pelosi che sono ancora amati anche dopo l'arrivo del cucciolo. Ovviamente, il cucciolo riceverà molta attenzione, quindi devi fare uno sforzo concertato per far sapere al tuo cane attuale che lo ami e ti stai ancora prendendo cura di lui. In pratica, dovrai ritagliare del tempo nel tuo programma solo per il tuo cane o i tuoi cani attuali e assicurarti di non allontanarti da quel programma dopo l'arrivo del cucciolo.

Assicurati di avere almeno un adulto presente per ogni altro cane che hai. I gatti presentano generalmente meno problemi, ma probabilmente vorrai avere almeno un altro adulto presente quando il cucciolo arriverà a casa. Entreremo più nei dettagli su quali saranno i ruoli degli altri adulti in seguito, ma, per ora, quando conoscerai con certezza la data in cui porterai a casa il tuo cucciolo, assicurati di avere adulti informati che sappiano di dover essere presenti per aiutare. Potresti dover ricordarglielo man mano che il momento si avvicina; quindi, imposta un promemoria sul tuo telefono per questo, così come per la data, l'ora e le informazioni sul ritiro del tuo cucciolo.

Un vantaggio dello stabilire un programma per i tuoi altri cani prima dell'arrivo del tuo cucciolo di Cane Corso è che sarà più facile mantenere un programma anche con il cucciolo. I Cane Corso amano sapere cosa aspettarsi; stabilire un programma con i tuoi altri cani può aiutarti a adattarti al nuovo programma del tuo cucciolo fin dall'inizio.

Il tuo cucciolo mangerà, dormirà e trascorrerà la maggior parte del giorno e della notte nel suo spazio assegnato. Questo significa che il suo spazio non può impedire al tuo cane attuale di accedere al suo mobile preferito, letto o qualsiasi posto dove riposa nel corso della giornata. Nessuna delle cose del tuo cane attuale dovrebbe essere in quest'area, e questo include i giocattoli: non vuoi che il tuo cane si senta come se il cucciolo stesse prendendo il controllo del suo territorio. Assicurati che anche i tuoi figli capiscano di non mettere mai le cose del tuo cane attuale nell'area del cucciolo.

Il tuo cane e il cucciolo dovranno essere tenuti separati nei primi giorni (anche se sembrano amichevoli) fino a quando il tuo cucciolo non avrà completato le vaccinazioni. I cuccioli sono più suscettibili alle malattie durante questi giorni; quindi, aspetta che il cucciolo sia completamente protetto prima che i cani trascorrano del tempo insieme.

Aiutare il tuo cane a prepararsi: incontri di gioco extra a casa

Ecco alcune cose che ti aiuteranno a meglio preparare il tuo cane per l'arrivo del tuo cucciolo.

● Pensa alla personalità del tuo cane per aiutarti a decidere il modo migliore per prepararti per quel primo giorno, settimana e mese. Ogni cane è unico, quindi dovrai considerare la personalità del tuo cane per determinare come andranno le cose quando arriverà quello nuovo. Se il tuo cane attuale ama gli altri cani, probabilmente lo farà anche quando arriverà il cucciolo. Se il tuo cane ha tendenze territoriali, dovrai essere cauto riguardo all'introduzione e ai primi due mesi in modo che il tuo cane attuale impari che il Cane Corso è ora parte del branco. I cani eccitabili avranno bisogno di un'attenzione speciale per evitare che si agitino eccessivamente all'arrivo del nuovo cane a casa: non vuoi che siano così eccitati da ferire accidentalmente il nuovo Cane Corso.

● Considera le occasioni in cui hai avuto altri cani in casa tua e come il tuo cane attuale ha reagito a questi altri visitatori pelosi. Se il tuo cane ha mostrato tendenze territoriali, dovrai fare particolare attenzione a come presenti il tuo nuovo cucciolo. Se non hai mai invitato un altro cane a casa tua, organizza un paio di incontri di gioco con altri cani in casa prima che arrivi il tuo nuovo Cane Corso: devi sapere come reagiranno i tuoi attuali amici pelosi ai nuovi cani in casa in modo da poterti preparare adeguatamente. Incontrare un cane a casa è molto diverso dall'incontrarne uno fuori casa.

● Ripensa a tutte le interazioni del tuo cane con altri cani da quando lo conosci. Il tuo cane ha mostrato comportamenti protettivi o possessivi, sia con te che con altri? Il cibo è una delle ragioni per cui la maggior parte dei cani mostra qualche tipo di aggressività, perché non vogliono che nessuno cerchi di mangiare ciò che è loro. Alcuni cani possono essere protettivi anche verso le persone e i giocattoli.

Queste regole si applicano a tutti i cani che hai. Pensa alle loro personalità come individui e come gruppo. Proprio come le persone, potresti scoprire che quando sono insieme i tuoi cani si comportano in modo diverso, cosa che dovrai tenere a mente mentre pianifichi la loro prima presentazione.

Consulta il Capitolo 8 per pianificare la presentazione del tuo nuovo cucciolo ai tuoi cani attuali e come gestire un nuovo cucciolo e i tuoi animali domestici attuali.

Una nota su gatti e altri piccoli animali

Non c'è molto che puoi fare per preparare gatti o altri piccoli animali all'arrivo di un Cane Corso; semplicemente, non hanno la capacità di capire cosa stai facendo.

Ciò che devi fare per loro è assicurarti che abbiano spazi sicuri.

I Cane Corso hanno una lunga storia di inseguimento di animali più piccoli, proprio come i levrieri. Questo può essere traumatico per gatti e altri piccoli animali che si trovano nel campo visivo del tuo nuovo cane. Assicurati di preparare per il tuo gatto un posto dove possa rifugiarsi, e assicurati che la lettiera per gatti sia sollevata da terra. Non vuoi che il tuo Cane Corso recuperi i suoi spuntini dalla lettiera del gatto. Anche se non dovresti permettere al cane o al cucciolo di stare fuori da un'area designata senza supervisione, un secondo di disattenzione può bastare perché il tuo cucciolo trovi la strada per la lettiera.

Puoi anche posizionare il cibo e l'acqua del gatto lontano dal pavimento: questo permetterà al tuo amico felino di continuare a sentirsi a suo agio mentre mangia e beve. Effettuando lo spostamento diverse settimane prima dell'arrivo del nuovo cane, darai al tuo gatto il tempo di abituarsi al cambiamento prima di stressarsi per l'arrivo di un nuovo cane.

Per quanto riguarda gli altri piccoli animali domestici, assicurati di posizionare i loro rifugi lontano dal pavimento in modo che siano al sicuro. Se ogni tanto li lasci uscire dalla loro gabbia per giocare, assicurati di predisporre un'area sicura per scorrazzare dove il cane non può arrivare. A un certo punto al cucciolo o al cane sarà permesso di vagare per la tua casa; quindi, preparare in anticipo uno spazio sicuro designato per il gioco aiuterà i tuoi animali domestici più piccoli a sentirsi al sicuro.

CAPITOLO 5.
Preparare la tua casa

«Raccogli tutto ciò che si trova a terra e che non vuoi venga mangia-to, perché se lo lasci lì, lo mangeranno!»

Tina Frey
Cypress Arrow Kennels

Cani Corso sono adorabili e piccoli quando sono cuccioli, rendendo difficile immaginare quanto diventeranno grandi da adulti; eppure, accadrà molto più velocemente di quanto tu possa pensare. Quando inizi a prepararti per una razza di taglia grande come il Cane Corso, devi prepararti sia per un cucciolo adesso che per un cane grande in futuro. Preparare la tua casa sia per un cucciolo abbastanza piccolo da infilarsi in spazi stretti sia per un cane abbastanza grande da raggiungere il cibo sul piano della cucina è una sfida unica che i proprietari di Cani Corso devono affrontare, e questo significa prendersi del tempo per prepararsi prima dell'arrivo del cucciolo.

La settimana prima dell'arrivo del tuo cucciolo, dovresti effettuare numerosi controlli per assicurarti che la tua casa sia sicura per il nuovo membro della famiglia. Assicurarti che il tuo nuovo Cane Corso abbia uno spazio sicuro con tutti gli elementi essenziali (compresi i giocattoli) renderà l'arrivo della tua nuova aggiunta familiare un momento fantastico per tutti, specialmente per il tuo nuovo compagno a quattro zampe.

Se porti a casa un Cane Corso adulto, devi prepararti all'arrivo di un bambino molto grande che può raggiungere praticamente tutto. Poiché sono intelligenti e testardi, i Cani Corso devono imparare che sei tu ad avere il controllo, il che significa che devi guadagnarti il loro rispetto prima che ti ascoltino. Se il tuo cane non ha già imparato a non afferrare il cibo, a non salire sui mobili o qualsiasi altra restrizione tu abbia implementato in casa, avrai il tuo bel da fare quando si tratterà di addestrarlo. Rendere la tua casa a prova di cane ti aiuterà a proteggere il tuo amico da conseguenze pericolose mentre impara ad ascoltarti.

Foto di
Kayla Armenti

Creare uno spazio sicuro per il tuo cane o cucciolo

Il tuo cucciolo avrà bisogno di uno spazio dedicato che includa un tra-sportino (maggiori informazioni nella prossima sezione), ciotole per cibo e acqua, tappetini assorbenti e giocattoli. Tutte queste cose dovranno trovarsi nell'area dove il cucciolo starà quando non potrai dedicargli le tue attenzio-ni. Lo spazio del cucciolo dovrebbe essere sicuro e recintato in modo che il cucciolo non possa uscire e bambini piccoli e altri cani non possano entra-re. Dovrebbe essere uno spazio sicuro dove il cucciolo può vederti mentre svolgi le tue normali attività e sentirsi a suo agio.

Se hai gatti, è meglio posizionare lo spazio del cucciolo in un luogo dove i gatti non cercheranno di entrare. Vorrai mantenere sotto controllo la rela-zione tra il tuo cucciolo e i piccoli animali finché non saprai che il tuo Cane Corso non è interessato a inseguirli. I gatti sono particolarmente difficili da gestire perché tendono ad avere libertà di movimento, il che significa che se non metti in sicurezza adeguatamente l'area del cucciolo, il tuo gatto potrebbe entrare e farsi male. È anche possibile che il cucciolo impari a inseguire il gatto come un gioco divertente, cosa che potrebbe diventare pericolosa quando il cane raggiunge l'età adulta.

Trasportini e addestramento al trasportino

«A mio parere, l'addestramento al trasportino è un must. Proprio come altri cani, se lasci incustodito un Cane Corso stai chiedendo guai e cose strappate, distrutte o addirittura scomparse. I Corso hanno bisogno di struttura e non devono ricevere troppi privilegi (ad esempio salire sul divano, sul letto, esplorare i ripiani della cucina) o sorgeranno problemi di aggressività o altre cattive abitudini.»

Tina Frey
Cypress Arrow Kennels

Addestrare un cucciolo di Cane Corso al trasportino può essere più facile rispetto ad altre razze, grazie alla loro intelligenza. Quando sono giovani, sono più propensi ad ascoltarti, a patto che tu sia coerente e deciso.

Inizialmente avrai bisogno di un trasportino più piccolo, ma puoi già procurarti il secondo trasportino per un cane grande. Ne avrai bisogno entro la fine del primo anno, poiché quando il tuo cane avrà raggiunto quell'età, sarà troppo grande per un trasportino piccolo. In alternativa, puoi acquistare un trasportino che puoi ridimensionare man mano che il cucciolo cresce. All'inizio, il trasportino deve essere piccolo (ma non troppo) perché gli spazi più piccoli offrono ai cuccioli più comfort rispetto a un trasportino grande e cavernoso. Assicurati di sistemare un lettino che copra l'intero pavimento del trasportino e, se puoi procurarti una coperta che odora della madre, aggiungila al trasportino.

Il trasportino del tuo Cane Corso deve essere confortevole. Non trattare mai il trasportino come se fosse una prigione per il tuo cucciolo: il tuo Cane Corso non dovrebbe mai associare il trasportino alla punizione; è destinato a essere un rifugio sicuro dopo una sovrastimolazione o quando è ora di dormire. Assicurati che il tuo cane non associ mai il trasportino a punizioni o emozioni negative.

Come accennato in un capitolo precedente, puoi usare il trasportino per aiutare con l'addestramento alla pulizia. Il desiderio di non avere un letto sporco impedirà al tuo Cane Corso di usarlo come bagno. Posizionare un tappetino assorbente nell'area del cucciolo ma il più lontano possibile dal trasportino può essere utile mentre il cucciolo viene addestrato a fare i bisogni.

I cuccioli di età inferiore ai sei mesi non dovrebbero stare nel trasportino per ore: non sono in grado di trattenere la vescica così a lungo; quindi, devi assicurarti che abbiano un modo per uscire e fare i loro bisogni in un luogo accettabile. Se prendi un cane adulto che non è addestrato a fare i bisogni fuori, dovrai seguire le stesse regole.

Assicurati che lo sportello sia posizionato in modo che non si chiuda sul tuo cane mentre annusa il trasportino: non vuoi che il tuo Cane Corso venga colpito dallo sportello e si spaventi.

1. Lascia che il tuo Cane Corso annusi il trasportino. Mentre lo fa, puoi parlargli con una voce positiva e felice. Associa la prima esperienza nel trasportino con eccitazione ed emozioni positive in modo che il tuo cane capisca che è un buon posto. Se hai una coperta della madre, mettila nel trasportino per aiutare a fornire un ulteriore senso di comfort.

2. Se il tuo cane sembra riluttante a entrare nel trasportino, lasciaci cadere un paio di bocconcini. NON forzare il tuo cane a entrare nel trasportino: se non vuole entrare affatto in questo strano piccolo spazio, va perfettamente bene. Perché non sia un'esperienza negativa, entrare deve essere una sua decisione.

3. Dai da mangiare al tuo cane nel trasportino per una o due settimane: questo aiuterà a creare associazioni molto positive con il trasportino, oltre ad aiutarti a tenere il cibo lontano da altri eventuali animali domestici.

   a. Se il tuo cane sembra a suo agio con il trasportino, metti il cibo completamente sul retro del trasportino.

   b. In caso contrario, posiziona la ciotola del cibo nella parte anteriore, poi spostala più indietro nel trasportino nel corso del tempo.

4. Una volta che il tuo cane sembra completamente a suo agio nel mangiare dentro il trasportino, inizia a chiudere lo sportello. Quando finisce il cibo, apri immediatamente.

5. Inizia a lasciare lo sportello chiuso per periodi più lunghi dopo che il tuo cane ha finito di mangiare. Se il tuo cucciolo inizia a piagnucolare, vuol dire che hai lasciato il tuo Cane Corso nel trasportino troppo a lungo.

Foto di
Siobhan Clarkson

6. Lascia il tuo cane nel trasportino per periodi più lunghi una volta che non mostra segni di disagio quando mangia. Puoi iniziare ad addestrarlo a entrare nel trasportino semplicemente dicendo «trasportino» o «cuccia«, poi loda il tuo cane per fargli sapere che ha fatto un ottimo lavoro.

Ripeti questo procedimento per diverse settimane finché il tuo cane non si sente a suo agio nel trasportino. Ripetere questa routine più volte al giorno può aiutare il tuo cane a imparare che va tutto bene e che il trasportino non è una punizione. Inizialmente, lo farai mentre sei ancora a casa o quando esci per prendere la posta. Non appena il tuo cucciolo riesce a resistere per mezz'ora senza piagnucolare mentre sei fuori dalla stanza, puoi iniziare a lasciarlo solo mentre sei via. All'inizio, non allontanarti per più di un'ora.

Una volta che il tuo cane capisce che non deve distruggere la tua casa, l'addestramento al trasportino è completo.

Acquista e prepara forniture e strumenti

«I cuccioli di Cane Corso amano masticare e giocare. Compra giocattoli da masticare o i tuoi mobili ne faranno le spese!»

Sabastian Freitas
Freitas Cane Corsos

Pianificare l'arrivo del tuo cucciolo significa acquistare molte forniture in anticipo. Avrai bisogno di una vasta gamma di articoli. Se inizi a fare acquisti intorno al momento in cui identifichi l'allevatore, puoi distribuire le tue spese su un periodo di tempo più lungo: questo farà sembrare il processo molto meno costoso di quanto sia in realtà. Di seguito sono elencati gli articoli che dovresti aver acquistato prima di portare a casa il tuo nuovo cane:

- Trasportino
- Letto
- Guinzaglio
- Sacchetti per le passeggiate
- Collare
- Targhette
- Cibo per cuccioli
- Ciotole per acqua e cibo (condividere una ciotola d'acqua di solito va bene, ma il tuo cucciolo ha bisogno della propria ciotola per il cibo se hai più cani)
- Spazzolino/Dentifricio

- Spazzola
- Giocattoli
- Bocconcini per l'addestramento

Parla con il tuo veterinario prima di acquistare qualsiasi medicinale, compresi i trattamenti antipulci.

Rendi la casa a prova di cucciolo

Prepararsi all'arrivo di un cucciolo richiede tempo, e tutte le stanze e gli oggetti della tua casa saranno altrettanto pericolosi per il tuo cucciolo come lo sarebbero per un bambino, con la rilevante differenza che il tuo Cane Corso sarà mobile molto più velocemente di un bambino. Se non elimini tutti i pericoli prima del suo arrivo in casa tua, con ogni probabilità si metterà in situazioni pericolose quasi immediatamente. Inoltre, il tuo cucciolo raggiungerà rapidamente un'altezza che lo metterà allo stesso livello di molti oggetti potenzialmente pericolosi, se non mantieni le superfici libere.

Tieni presente che i Cani Corso (e tutti i cuccioli in generale) cercheranno di mangiare praticamente qualsiasi cosa, anche se non è cibo. Nulla è al sicuro, nemmeno i tuoi mobili. I cuccioli rosicchieranno anche legno e metallo. Qualsiasi cosa alla loro portata è considerata un obiettivo legittimo. Tieni presente questo, mentre rendi la tua casa a prova di cucciolo.

Pericoli interni e soluzioni

Questa sezione descrive le aree all'interno della tua casa su cui dovresti concentrare la tua attenzione. In caso di problemi, tieni il numero del tuo veterinario affisso sul frigorifero e in almeno un'altra stanza della casa: preparandolo prima dell'arrivo del tuo cucciolo, sarà lì se ne avrai bisogno. Anche se hai il numero salvato nel tuo telefono, potrebbe comunque essere utile che altri membri della famiglia o persone che si prendono cura del Cane Corso lo abbiano a disposizione.

I Cani Corso possono entrare in quasi ogni buco abbastanza alto per loro ed esploreranno molto quando ne avranno l'opportunità. Per quanto intelligente sia la razza, è meglio sovrastimare ciò che il tuo cucciolo può fare e prepararti di conseguenza. Abbassati e guarda ogni stanza dalla prospettiva del tuo Cane Corso: è quasi garantito che troverai almeno una cosa che hai trascurato.

Pericoli	Soluzioni	Tempo Stimato
Cucina		
Veleni	Tenere in armadietti sicuri e a prova di bambino o su scaffali alti	30 min
Bidoni della spazzatura	Utilizzare un bidone con chiusura, o tenerlo in un luogo sicuro	10 min
Elettrodomestici	Assicurarsi che tutti i cavi siano fuori portata	15 min
Cibo per umani	Tenere fuori portata	Costante (iniziare a farne un'abitudine)
Pavimenti		
Superfici scivolose	Posa tappeti o tappetini speciali antiscivolo	30 min – 1 ora
Area di addestramento	Addestrare su superfici antiscivolo	Costante
Toilette		
Spazzolone per WC	Averne uno che si blocca o tenerlo fuori portata	5 min/bagno
Veleni	Conservare in armadietti chiusi a prova di bambino o su scaffali alti	15 - 30 min/bagno
Toilette	Tienere chiuso Non utilizzare prodotti chimici per la pulizia automatica dei servizi igienici	Costante (iniziare a farlo diventare un'abitudine)
armadietti	Tenere chiusi con serrature di sicurezza per bambini	15 - 30 min/bagno
Lavanderia		
Abbigliamento	Conservi i vestiti puliti e sporchi lontano dal pavimento, fuori dalla portata	15 – 30 min

Veleni (candeggina, capsule/detergenti, fogli per asciugatrice e altri veleni)	Mantenga in armadietti sicuri, a prova di bambino o su scaffali alti	15 min

In casa

Piante	Tenerle lontane dal pavimento	45 min – 1 ora
Cestini dei rifiuti	Utilizzare un cestino con chiusura, o posizionarlo in un luogo sicuro	30 min
Cavi elettrici, corde delle tapparelle	Nasconderli o assicurarsi che siano fuori portata; prestare particolare attenzione alle aree di intrattenimento e computer	1,5 ore
Veleni	Controllare che non ci siano (WD40, detergente per vetri/schermi, detergente per tappeti, deodoranti per ambienti); spostare tutti i veleni in un luogo centralizzato e chiuso a chiave	1 ora
Finestre	Verificare che le corde siano fuori portata in tutte le stanze	1 – 2 ore
Camini	Conservi i prodotti per la pulizia e gli attrezzi in un luogo inaccessibile al cucciolo. Copra l'apertura del camino con qualcosa che il cucciolo non possa far cadere.	10 min/caminetto
Scale	Recintare per impedire al cucciolo di salire o scendere; testare eventuali cancelletto per cuccioli	10 – 15 min

| Tavolini/ Buffet/Comodini | Liberare da oggetti pericolosi (ad es. for- bici, attrezzatura da cucito, penne e ma- tite) e tutti gli ogget- ti di valore | 30 – 45 min |

Se hai un gatto, tieni la lettiera sollevata da terra. Deve essere in un posto dove il tuo gatto può facilmente accedervi ma il tuo Cane Corso no. Poiché questo comporta insegnare al tuo gatto a usare la nuova area, è un cambiamento che dovresti fare molto prima dell'arrivo del cucciolo. Non vuoi che il tuo gatto subisca troppi cambiamenti significativi tutti in una volta: il cucciolo sarà già abbastanza dirompente e, se il tuo gatto associasse il cambio della lettiera con il cucciolo, potresti ritrovarti con un gatto che protesta contro il cambiamento rifiutandosi di usare la lettiera.

Pericoli esterni e soluzioni

Questa sezione descrive le cose fuori dalla tua casa a cui devi fare attenzione prima dell'arrivo del tuo cucciolo. Affiggi anche il numero del veterinario in una delle aree riparate nel tuo giardino in caso di emergenza.

Pericoli	Soluzioni	Tempo Stimato
Garage		
Veleni	Conservare in armadi chi- usi e a prova di bambino o su scaffali alti (es. prodotti chimici per auto, detersivi, vernici, prodotti per il giar- dino) – fertilizzanti inclusi	1 ora
Pattumiere	Collocarle in un luogo sicuro	5 min
Strumenti (ad es., giar- dino, auto, utensili, elettroutensili)	Assicurarsi che tutti i cavi siano fuori porta- ta: Tenere fuori portata e mai appesi ai bordi del- le superfici	30 min – 1 ora

Attrezzature (ad es., sportive, pesca)	Tenere fuori portata e mai appesi ai bordi delle superfici	Costante (iniziare a farne un'abitudine)
Oggetti affilati	Tenere fuori portata e mai appesi ai bordi delle superfici	30 min
Biciclette	Conservare sollevate da terra o in un luogo inaccessibile al Cane Corso (per evitare che il cucciolo morda le gomme)	20 min

Recinzione

Rotture	Ripari eventuali rotture nel recinto. I Cane Corso non solo possono abbattere un recinto, ma possono anche imparare a scavalcarlo, quindi assicuri che il recinto sia robusto e alto	30 min - 1 ora
Spazi vuoti	Riempi eventuali spazi vuoti, anche se intenzionali, per evitare che il Suo Cane Corso scappi	30 min - 1 ora
Buche/Depressioni alla base	Riempi qualsiasi area che possa essere facilmente attraversata	1 – 2 ore

Cortile

Veleni	Non lasci i veleni nel giardino	1 – 2 ore
Piante	Verifichi che tutte le piante basse non siano velenose per i cani; recinti quelle che lo sono (come le viti)	45 min – 1 ora
Attrezzi (ad es., attrezzi per la manutenzione del prato e il giardinaggio)	Si assicuri che siano fuori dalla portata; controlli che nulla sia sospeso sopra i tavoli esterni	30 min – 1 ora

Non lasciare mai il tuo Cane Corso da solo in garage, nemmeno quando è adulto. È probabile che il tuo cucciolo entri nel garage prima dei viaggi in auto, ecco perché è importante renderlo a prova di cucciolo. Dovresti sempre tenere d'occhio il cane, ma ovviamente non puoi gattonare sotto la tua auto e avrai difficoltà a entrare in spazi più piccoli se il tuo Cane Corso scappa per esplorare. I Cani Corso adulti potrebbero essere troppo grandi, ma da cuccioli sono abbastanza piccoli da riuscire a entrare in spazi ristretti di ogni tipo.

Se hai un giardino recintato, considera di cambiare la recinzione. Il Cane Corso è un artista della fuga: la sua taglia gli permette di abbattere porzioni di recinzione in modo da poter vagare liberamente. Se pensi di poter aggirare questo problema acquistando una recinzione a maglie, scoprirai rapidamente che hai dato al tuo cane un fantastico nuovo mezzo di fuga. Nonostante la loro taglia, i Cani Corso sono incredibilmente agili. Unito alla loro intelligenza, hanno la capacità di arrampicarsi letteralmente sulle recinzioni a maglie in modo da poterti salutare nel giardino anteriore quando torni a casa. Prenditi il tempo per procurarti qualcosa che sia durevole, oltre che più alto della media. La raccomandazione è che la tua recinzione sia alta almeno 1,8 metri (con 2,4-3 metri come altezza più spesso suggerita).

Proprio come per l'interno, dovrai occuparti dei tuoi preparativi esterni abbassandoti e controllando tutte le aree dalla prospettiva di un cucciolo. Ancora una volta, è praticamente garantito che troverai almeno una cosa che hai trascurato.

CAPITOLO 6.
Salute e benessere

Da quando la razza è stata recuperata dall'estinzione, si è prestata molta più attenzione per garantire che il Cane Corso non soffra di molte malattie genetiche. Tuttavia, anche il modo in cui allevi il tuo cucciolo o adulto influisce notevolmente sulla sua salute. I Cani Corso necessitano di un paio d'ore di esercizio al giorno e di addestramento quotidiano. Data la loro tendenza alla flatulenza e la loro struttura fisica, devi anche prestare particolare attenzione alla loro alimentazione.

Scegliere il tuo veterinario

Inizia a cercare un veterinario per il tuo Cane Corso ancora prima di scegliere un allevatore. Dovresti aver già scelto il tuo veterinario prima di portare il cane a casa. Che tu prenda un cucciolo o un adulto, dovresti portare il tuo cane dal veterinario entro 48 ore (è fortemente consigliato entro 24 ore) dal suo arrivo per assicurarti che sia in buona salute. Ottenere un appuntamento con un veterinario può richiedere tempo, proprio come per un appuntamento dal medico; quindi, dovrai aver già scelto il veterinario e prenotato il primo appuntamento con largo anticipo.

Ecco alcuni aspetti da considerare quando cerchi un veterinario.

- Qual è il suo livello di familiarità con i Cani Corso? Il veterinario non deve essere necessariamente uno specialista, ma se riesci a trovare un veterinario con una certa esperienza con questa razza, potrà aiutarti a sapere cosa aspettarti nelle diverse fasi della vita del tuo cane. Considerando che i Cani Corso non sono una razza comune, potresti non riuscire a trovare un veterinario con esperienza specifica. In questo caso, verifica se il veterinario ha esperienza con altre razze da guardia (come Rottweiler e Pastori Tedeschi, due razze più diffuse) e con altri molossoidi. L'esperienza con queste razze non è esattamente la stessa dell'esperienza con i Cani Corso, ma darà al veterinario un'idea di cosa cercare nel tuo cane.

- Quanto dista il veterinario da casa tua? Non vorrai che il veterinario sia a più di 30 minuti di distanza in caso di emergenza.

- Il veterinario è disponibile per emergenze fuori orario o può consigliarti un altro veterinario in caso di emergenza?

- Il veterinario fa parte di una clinica veterinaria locale in caso di necessità, o indirizza i pazienti a una struttura veterinaria locale?

- Il veterinario lavora da solo o fa parte di uno studio associato? Se fa parte di uno studio, puoi rivolgerti sempre allo stesso veterinario per le visite?

- Come vengono prenotati gli appuntamenti?

- Puoi usufruire di altri servizi presso la struttura, come la toelettatura e la pensione per cani?

- Il veterinario è accreditato?

- Quali sono i prezzi per la visita iniziale e i costi ordinari, come per i vaccini e le visite di routine?

- Quali test e controlli vengono effettuati durante la prima visita?

Prenditi il tempo per visitare il veterinario che stai considerando in modo da poter osservare l'ambiente all'interno dello studio. Verifica se puoi parlare con il veterinario per vedere se è disposto a metterti a tuo agio e a rispondere alle tue domande. Il tempo di un veterinario è prezioso, ma dovrebbe avere qualche minuto per aiutarti a sentirti sicuro che sia la scelta giusta per prendersi cura del tuo cane.

Alimenti pericolosi

I cani possono mangiare carne cruda senza doversi preoccupare dei problemi che una persona potrebbe incontrare; tuttavia, ci sono alcuni alimenti umani che potrebbero essere fatali per il tuo Cane Corso. Dovresti tenere questi alimenti lontani da tutti i cani:

- Semi di mela

- Cioccolato

- Caffè

- Ossa cotte (possono uccidere un cane quando si scheggiamo nella bocca o nello stomaco)

- Pannocchie di mais (il tutolo è mortale per i cani; i chicchi di mais staccati vanno bene)

- Uva/uvetta

- Noci di macadamia

- Cipolle ed erba cipollina

- Pesche, cachi e prugne

- Tabacco (il tuo Cane Corso non saprà che non è un alimento e potrebbe mangiarlo se lasciato incustodito)

- Xilitolo (un sostituto dello zucchero presente in caramelle e prodotti da forno)

- Lievito

Oltre a questi alimenti potenzialmente mortali, esiste un lungo elenco di cose che il tuo cane non dovrebbe mangiare per motivi di salute. Il tuo veterinario può fornirti l'elenco completo di alimenti che dovrebbero essere evitati, ma puoi trovare queste informazioni anche su internet.

I pericoli della torsione gastrica

I Cani Corso come razza sono particolarmente a rischio di sindrome da dilatazione e torsione gastrica (GDV). La torsione si verifica quando lo stomaco di un animale si dilata e ruota. Può essere fatale perché può interrompere la capacità dello stomaco di digerire i nutrienti, danneggiare il sistema cardiovascolare e portare così alla morte. Questo problema è comune nei cani con una struttura fisica simile a quella del Cane Corso. I capitoli successivi forniscono maggiori dettagli su questo problema, le sue cause e la diagnosi; per ora, è importante essere consapevoli che questo è un problema di salute che devi monitorare nel tuo cucciolo.

Ossa, articolazioni e la crescita del gigante

I cani di taglia grande richiedono cure extra durante la crescita. Devi fare attenzione sia a ciò che dai da mangiare al tuo cucciolo sia a quanto lo fai esercitare. Le ossa e le articolazioni crescono rapidamente, il che potrebbe causare problemi in età adulta. Troppo esercizio o movimenti scorretti possono danneggiare il tuo cucciolo. Per aiutare il tuo futuro gigante a crescere con ossa e articolazioni sane, ci sono alcune attività da evitare con il tuo cucciolo.

1. Non correre su e giù per le scale.

2. Evita di correre giù per colline ripide; se non sei sicuro della definizione di ripido, cammina e basta.

3. Non permettere che salti su o giù dai mobili, come letti e divani.

4. Non far saltare il cucciolo dentro o fuori dall'auto o da altri veicoli.

5. Evita di correre su superfici dure, anche all'interno. Legno, piastrelle e vinile non offrono trazione; correre su queste superfici può far perdere il controllo al tuo cucciolo e farlo sbattere contro pareti o mobili.

Routine e ore di sonno

Quando porti a casa un cucciolo, potresti aspettarti l'alta energia che vedrai quando il tuo Cane Corso sarà adulto. Tuttavia, i cuccioli di qualsiasi razza (indipendentemente da quanto saranno attivi in seguito) hanno bisogno di molto sonno: aspettati che il tuo cucciolo dorma tra le 18 e le 20 ore al giorno. Predisporre degli orari di sonno prevedibili aiuterà il tuo cucciolo a crescere più sano.

I molossoidi sono noti come «cani da tappeto» per quanto tendono a dormire, indipendentemente dalla loro età. Il tuo Cane Corso non sarà così indolente, ma per i primi mesi non dovrai preoccuparti di stargli dietro. Entro la fine del primo anno, tuttavia, il tuo cucciolo sarà molto più attivo.

Nei primi giorni, la routine del tuo cucciolo sarà incentrata principalmente sul sonno e l'alimentazione, con passeggiate, socializzazione e addestramento che occuperanno la maggior parte delle ore di veglia.

CAPITOLO 7.
Portare a casa il tuo Cane Corso

«Lascia che il tuo cucciolo si adatti al nuovo ambiente. I Corsi hanno bisogno di tempo per ambientarsi; non si fidano facilmente degli estranei (nuove famiglie) o di nuovi ambienti. Dagli tempo! Spesso le persone pensano che ci sia qualcosa che non va nel cucciolo quando lo portano a casa perché è riservato e sembra non avere energia. Semplicemente, il cucciolo è spaventato e insicuro di fronte a tutte queste novità. Di solito non ci vuole molto perché capisca che va tutto bene.»

Sabastian Freitas
Freitas Cane Corsos

La sensazione di introdurre il tuo Cane Corso nella tua casa è decisamente unica. Il senso di curiosità misto ad apprensione è differente per ogni cane, ma è sempre interessante vedere come questa razza reagisce a un nuovo ambiente. L'intelligenza naturale del Cane Corso renderà il tuo cucciolo più propenso alla curiosità, anche se, nel caso tu abbia adottato un cane adulto, ci sarà probabilmente molta cauta esplorazione. Assicurati di leggere il Capitolo 8 su come introdurre il tuo cane adulto in una casa con altri animali. Questo è un aspetto fondamentale per aggiungere in sicurezza il Cane Corso alla tua famiglia di animali domestici già esistente.

Preparativi finali e pianificazione

La maggior parte delle razze intelligenti richiede una presenza costante durante la prima settimana e, per quanto possibile, durante il primo mese. Perché ciò sia possibile, potresti dover prendere dei giorni di ferie dal lavoro o negoziare la possibilità di lavorare da casa almeno durante le prime 24 ore, se non le prime 48. Più tempo puoi dedicare ad aiutare il tuo nuovo amico ad abituarsi al nuovo ambiente nei primi giorni, meglio sarà per il tuo nuovo membro della famiglia e più velocemente si sentirà a suo agio nella sua nuova casa.

Di seguito troverai alcune utili liste di controllo per aiutarti nei preparativi all'arrivo del cucciolo e nei giorni successivi al suo arrivo a casa tua.

Progetta un programma provvisorio per il cucciolo

Prepara un programma provvisorio per aiutarti nel corso della prima settimana. I tuoi giorni stanno per diventare molto intensi, quindi hai bisogno di un punto di partenza prima che il cucciolo arrivi. Usa le informazioni dalla sezione «Stabilire un programma» per iniziare, ma assicurati di farlo prima piuttosto che dopo. Ecco i tre aspetti più importanti da stabilire per il programma del tuo cucciolo:

- Alimentazione
- Addestramento (incluso l'insegnamento a fare i bisogni)
- Gioco

Fai un'ultima ispezione di sicurezza prima dell'arrivo del cucciolo

Non importa quanto tu sia impegnato o quanto attentamente tu abbia seguito le liste di controllo per la sicurezza del cucciolo dal capitolo precedente, devi comunque prenderti il tempo per ispezionare la casa ancora una volta prima che il cucciolo arrivi. Dedica un'ora o due per condurre e portare a termine questo controllo uno o due giorni prima dell'arrivo del cucciolo.

Riunione di famiglia preliminare

Organizza un incontro con tutti i membri della famiglia per assicurarti che tutte le regole discusse nel Capitolo 4 siano ricordate e comprese prima che il cucciolo diventi una distrazione. Questo include come maneggiare il cucciolo. Stabilisci chi sarà responsabile della cura primaria del cucciolo, incluso chi sarà l'addestratore principale. Per aiutare i bambini più piccoli a imparare il senso di responsabilità, un genitore può collaborare con un bambino per gestire la cura del cucciolo. Il bambino sarà responsabile di cose come mantenere piena la ciotola dell'acqua e nutrire il cucciolo, mentre un genitore supervisiona i compiti.

Andare a prendere il tuo nuovo cane e il viaggio di ritorno

Andare a prendere il tuo cucciolo richiede una buona dose di pianificazione e preparazione, specialmente se vai a casa dell'allevatore. Se possibile, pianifica di prendere il tuo cucciolo durante un weekend o all'inizio di un periodo di vacanza in modo da poter trascorrere del tempo a casa con lui

Foto di
Jessica Tarrant

senza fretta. Questa sezione copre la preparazione e il viaggio in sé, ma non cosa fare se hai altri cani che devi presentare al nuovo arrivato (Capitolo 8). Se non hai altri cani, puoi prendere il tuo cucciolo e andare direttamente a casa. Non fermarti da nessuna parte dopo aver preso il cucciolo. Se ti aspetta un viaggio lungo (più di un paio d'ore), pianifica delle pause ogni poche ore per dare al tuo cucciolo la possibilità di sgranchirsi, fare esercizio, bere e fare i bisogni. Non lasciare mai il cucciolo da solo in macchina, neanche per pochi secondi. Se devi usare il bagno, almeno un adulto deve rimanere con il cucciolo durante ogni sosta.

Per quanto sia allettante coccolare il tuo cucciolo e cercare di rendere il viaggio di ritorno confortevole, usare un trasportino per il viaggio è sia più sicuro che più comodo per il cucciolo.

Prima di lasciare casa tua, assicurati di aver preparato tutto ciò di cui hai bisogno.

- Il trasportino dovrebbe essere ancorato al sedile e includere un cuscino al suo interno.

- Chiama l'allevatore per assicurarti che non vi siano contrattempi dalla sua parte e che il cucciolo sia pronto.

- Chiedi, se non l'hai già fatto, se puoi ottenere una coperta con l'odore della madre per aiutare a rendere la transizione del cucciolo più confortevole.

- Assicurati che l'altro adulto ricordi l'impegno e sia puntuale all'appuntamento per recarsi al luogo di ritiro.

- Se hai altri cani, assicurati che tutti gli adulti coinvolti sappiano cosa fare e dove andare per quel primo incontro in territorio neutrale.

Per il primo viaggio, dovrebbero essere presenti due adulti. Chiedi all'allevatore se il cucciolo è già stato in auto prima e, in caso contrario, assicurati di avere qualcuno che possa dare attenzione al cucciolo mentre l'altra persona guida. Il cucciolo sarà nel trasportino, ma qualcuno può comunque dargli conforto: sarà sicuramente spaventato perché non ha più la mamma, i fratelli o persone conosciute intorno; quindi, avere qualcuno presente che gli parli renderà l'esperienza meno traumatica.

Questo è il momento di iniziare a insegnare al tuo cucciolo che i viaggi in auto sono piacevoli. Ciò significa assicurarsi che il trasportino sia sicuro: non vuoi terrorizzare il cucciolo lasciando che il trasportino scivoli mentre lui è seduto indifeso al suo interno.

Quando arrivi a casa, porta immediatamente il cucciolo o il cane fuori. Anche se il cucciolo o il cane ha avuto un incidente durante il viaggio, questo è comunque un ottimo momento per iniziare ad addestrare il nuovo membro della famiglia su dove fare i bisogni.

Cosa aspettarti durante la prima visita dal veterinario

Una visita dal veterinario è necessaria entro i primi uno o due giorni dall'arrivo del tuo cucciolo e potrebbe essere prevista dal contratto che hai firmato con l'allevatore. Devi stabilire una base per la salute del cucciolo in modo che il veterinario possa monitorare i suoi progressi e assicurarsi che tutto vada bene durante la crescita del tuo Cane Corso. La valutazione iniziale ti dà più informazioni sul tuo cucciolo, oltre a fornirti la possibilità di fare domande al veterinario e ricevere consigli. Rappresenta anche un'importante pietra miliare nel rapporto tra il tuo Cane Corso e il veterinario.

Quella prima visita dal veterinario sarà interessante e molto diversa dalle visite successive. Il tuo cucciolo non saprà cosa aspettarsi poiché non è mai stato da quel particolare veterinario prima: cerca di fare del tuo meglio per alleviare la sua ansia, vuoi che questa prima visita stabilisca un tono positivo per tutte le visite future.

Ci sono diverse cose che dovrai fare prima del giorno dell'appuntamento:

- Scopri con quanto anticipo devi arrivare per compilare la documentazione per il nuovo paziente.

- Scopri se devi portare un campione di feci per quella prima visita. In tal caso, raccoglilo la mattina della visita e assicurati di portarlo con te.

- Porta i documenti forniti dall'allevatore o dall'organizzazione di recupero affinché il veterinario li aggiunga alla cartella clinica del tuo cucciolo.

Al tuo arrivo, il tuo cucciolo probabilmente vorrà esplorare e salutare tutti. Sia le persone che gli altri animali domestici saranno probabilmente di grande interesse per il tuo cucciolo. Questa è un'opportunità per lavorare sulla socializzazione e per creare un'esperienza iniziale positiva, anche se dovrai fare attenzione: chiedi sempre a chi hai davanti se il tuo cucciolo può avvicinarsi al suo animale domestico e attendi l'approvazione prima di lasciare che il tuo cucciolo proceda con l'incontro. Gli animali domestici nell'ambulatorio veterinario molto probabilmente non si sentono bene, il che significa che potrebbero non essere molto affabili. Non vuoi che un cane anziano scontroso o un animale malato morda o spaventi il tuo cucciolo, dal momento che le esperienze sociali negative potrebbero rafforzare la natura aggressiva e protettiva di un Cane Corso. E non vuoi nemmeno che il tuo cucciolo sia esposto a potenziali malattie mentre sta ancora facendo i suoi vaccini.

Durante la prima visita, il veterinario condurrà una valutazione iniziale del tuo Cane Corso. Una delle cose più importanti che il veterinario farà è pesare il tuo cucciolo. In effetti, il peso è qualcosa che dovrai monitorare per tutta la vita del tuo Cane Corso, perché la razza è predisposta all'obesità. Dovresti registrare anche tu il peso del tuo cane in modo da poter vedere quanto velocemente il cucciolo sta crescendo. Chiedi al tuo veterinario quale sia un peso sano in ogni fase e prendi nota anche di quello. I Cane Corso crescono incredibilmente velocemente durante il primo anno, ma dovresti comunque assicurarti che il tuo cane non stia guadagnando più peso del dovuto.

Il veterinario fisserà la data per la prossima serie di vaccini, che probabilmente verranno somministrati non molto tempo dopo l'arrivo del tuo cucciolo. Quando arriva il momento delle vaccinazioni, è possibile che il cucciolo manifesti qualche malessere per uno o due giorni.

Addestramento preliminare

«I Corso sono estremamente facili da addestrare. Inizia l'addestramento non appena entrano in casa. Il cucciolo deve imparare a fidarsi di te al 100% e che sei tu a prendere tutte le decisioni (tu sei l'alfa). Tutta la famiglia deve imparare a essere l'alfa con il cucciolo: papà, mamma e bambini. Consiglio alla mamma e ai bambini di partecipare all'addestramento all'obbedienza; ciò insegnerà al cane a obbedire loro e insegnerà alla famiglia a essere sicura con il cane.»

Vicky Glisson
Cape Fear Cane Corso

Come accennato, l'addestramento inizia dal momento in cui il tuo Cane Corso diventa tua responsabilità. Considerando il fatto che il tuo cane potrebbe essere testardo, vuoi iniziare ad abituare il tuo cucciolo all'idea che sei tu a comandare. Questo aiuterà a contrastare la natura ostinata del Cane Corso.

Durante queste prime settimane, è di vitale importanza iniziare l'addestramento per i bisogni e minimizzare i comportamenti indesiderati, specialmente verso altri animali, così come i sentimenti di territorialità. L'addestramento preliminare è vitale, ma non iscrivere ancora il tuo nuovo cucciolo a un corso: la maggior parte dei cuccioli non ha ancora fatto tutti i vaccini necessari e i bravi addestratori non li ammetteranno ai corsi fino a quando non avranno completato il primo ciclo di vaccini. I Capitoli 10 e 12 offrono uno sguardo più approfondito ai diversi tipi di addestramento che dovresti intraprendere e come proseguire dopo le prime settimane.

Paure della prima notte

Quella prima notte sarà spaventosa per il tuo piccolo cucciolo di Cane Corso. Per quanto comprensibile possa essere, c'è solo un certo grado di conforto che puoi dare al tuo nuovo membro della famiglia: proprio come con un bambino, più rispondi ai pianti e ai guaiti, più stai insegnando a un cucciolo che i comportamenti negativi forniranno i risultati desiderati. Dovrai essere pronto a trovare il giusto equilibrio tra il fornire rassicurazione e l'evitare che il tuo cucciolo impari a ottenere la tua attenzione con il pianto.

Crea un'area per dormire destinata esclusivamente al tuo cucciolo vicino a dove dormi tu. L'area dovrebbe contenere il trasportino, al cui interno dovrai posizionare il letto del cucciolo in sicurezza. Questo gli offre un posto sicuro dove nascondersi in modo che possa sentirsi più a suo agio in una casa nuova e strana. L'intera area dovrebbe essere delimitata in modo che nessuno possa entrarci (e il cucciolo non possa uscire) durante la notte. Dovrebbe anche essere vicino a dove dormono le persone, in modo che il cucciolo non si senta abbandonato. Se sei riuscito a ottenere una coperta o un cuscino che profuma della madre, assicurati che questo sia nello spazio del tuo cucciolo. Considera l'aggiunta di un po' di rumore bianco per coprire suoni non familiari che potrebbero spaventare il tuo nuovo animale domestico.

Il tuo cucciolo farà rumori nel corso della notte: non spostarlo, anche se i guaiti ti tengono sveglio. Se cedi, col tempo i guaiti, i piagnucolii e i pianti diventeranno più forti. Durante la notte, il tuo cucciolo non piagnucola perché è stato nel trasportino troppo a lungo; semplicemente, è spaventato o vuole che qualcuno sia con lui – probabilmente non è mai stato solo di notte prima di arrivare a casa tua. Risparmia a te stesso qualche problema in futuro insegnando al cucciolo che piagnucolare non sempre funzionerà per farlo uscire dal trasportino. Tuttavia, non dovresti nemmeno allontanarlo: questo non farà altro che spaventarlo di più, rafforzando l'ansia che prova.

Col tempo, semplicemente stare vicino a te di notte sarà sufficiente per rassicurare il tuo cucciolo che tutto andrà bene.

Non lasciare che il tuo cucciolo entri nel tuo letto finché non è completamente addestrato a fare i bisogni. Una volta che un Cane Corso impara che il letto è accessibile, non puoi addestrarlo a non saltarci sopra, e se non è addestrato a fare i bisogni, avrai bisogno di un nuovo letto nel prossimo futuro.

I cuccioli avranno bisogno di fare i bisogni ogni due o tre ore, e dovrai alzarti varie volte durante la notte per assicurarti che il tuo cucciolo capisca che deve sempre fare i bisogni o fuori o sul tappetino assorbente. Se lo trascuri di notte, avrai difficoltà ad addestrarlo a non fare i suoi bisogni in casa in seguito.

CAPITOLO 8.
La casa con più animali

Introdurre un Cane Corso in una casa dove vivono già altri animali può essere impegnativo, soprattutto se il cane è adulto. Devi sempre pianificare con attenzione il primo incontro con un nuovo cane, perché ci sono molte considerazioni da fare per razze come il Cane Corso. I cuccioli saranno più facili da introdurre nel branco rispetto ai cani adulti (se decidi di adottare un Cane Corso, generalmente si raccomanda di non avere altri cani), ma questo non significa che non avrai problemi. I Cane Corso tendono a non andare d'accordo con altri cani a meno che non siano stati adeguatamente socializzati da piccoli. I cuccioli potrebbero non avere ancora troppi pregiudizi, ma avrai comunque molto lavoro da fare. Il lato positivo è che avere già un cane in casa può aiutare il tuo cucciolo a socializzare prima e a imparare come funzionano le cose nel nuovo ambiente. Considerando che il tuo cucciolo sarà probabilmente molto intelligente, questo potrebbe semplificare il processo di addestramento.

Foto di
Will Perrien

Foto di
Cindy Carroccio

Se il tuo cane attuale o i tuoi cani hanno comportamenti indesiderati, cerca di correggerli prima dell'arrivo del cucciolo: non vuoi che il tuo Cane Corso impari cattive abitudini.

Come presentare il tuo nuovo cucciolo agli altri animali

Presenta sempre tutti i nuovi cani, indipendentemente dall'età, in un luogo neutrale lontano da casa tua. Anche se non hai mai avuto problemi con il tuo cane attuale, stai per cambiare il suo mondo. Scegli un parco o un'altra area pubblica dove il tuo cane non si sentirà territoriale e organizzati per presentare il tuo cane al cucciolo in quel luogo: questo darà agli animali l'opportunità di incontrarsi e conoscersi prima di entrare insieme in casa tua.

Quando presenti il tuo cane al cucciolo, assicurati che ci sia almeno un altro adulto con te, così ci sarà una persona per gestire ciascun cane. Se hai più di un cane, devi avere un adulto per ogni cane; questo renderà più facile mantenere tutti i cani sotto controllo. Anche i cani migliori possono emozionarsi troppo quando incontrano un cucciolo. Una delle persone che deve essere presente è quella che si occupa degli animali in casa (o le persone, se ce n'è più di una responsabile): questo aiuta a stabilire la gerarchia del branco.

Non tenere in braccio il cucciolo quando i cani si incontrano: anche se potresti volerlo proteggere e farlo sentire a suo agio, questo ha l'effetto opposto. Il tuo cucciolo si sentirà probabilmente intrappolato e senza via di fuga. Essere a terra significa che il cucciolo può scappare se ne sente il bisogno. Stai vicino al cucciolo con i piedi un po' divaricati: in questo modo, se il cucciolo decide che ha bisogno di scappare, può nascondersi rapidamente dietro le tue gambe.

Fai attenzione al pelo rizzato sul dorso del tuo cane. Il cucciolo e il cane dovrebbero avere qualche minuto per annusarsi, lasciando che ci sia sempre un po' di lasco nel guinzaglio: questo li aiuta a sentirsi più rilassati poiché non avranno la sensazione che tu stia cercando di trattenerli. È probabile che il tuo cane voglia giocare o semplicemente ignori il cucciolo.

- Se vuole giocare, fai solo attenzione che il cane non faccia male accidentalmente al cucciolo.

- Se il cane finisce per ignorare il cucciolo dopo un'annusata iniziale, va bene così.

Se il pelo del tuo cane è rizzato o se è chiaramente infelice, tieni i due separati finché il tuo cane adulto non sembra più a suo agio con la situazione. Non forzare l'incontro.

L'introduzione potrebbe richiedere del tempo, a seconda delle personalità individuali dei cani. Più il tuo cane è amichevole e accogliente, più sarà facile incorporare il nuovo cucciolo in casa. Per alcuni cani, una settimana è tempo sufficiente per iniziare a sentirsi a proprio agio insieme; per altri, potrebbero volerci un paio di mesi prima che accettino completamente il nuovo arrivato. Poiché questa è una dinamica completamente nuova nella tua casa, il tuo cane attuale potrebbe non essere contento che tu porti un piccolo concentrato di energia nella sua vita quotidiana. Questo è sufficiente a rendere chiunque infelice, ma specialmente un cane che si è abituato a un certo stile di vita. Più il tuo cane è anziano, più è probabile che un cucciolo sia un'aggiunta sgradita. I cani più anziani possono diventare irritabili con i cuccioli che non capiscono le regole o non sembrano capire quando è abbastanza. L'obiettivo è far sentire il tuo cucciolo benvenuto e al sicuro, facendo sapere al tuo cane più anziano che il tuo amore per lui è forte come sempre.

Una volta che il tuo nuovo membro della famiglia e il resto del branco canino iniziano a conoscersi e a sentirsi a proprio agio l'uno con l'altro, potete tornare a casa. Quando entreranno in casa, avranno un po' più di familiarità l'uno con l'altro, facendo sentire i tuoi cani attuali più a loro agio con la nuova aggiunta alla famiglia.

Una volta a casa, prima di entrare porta i cani in giardino e togli loro i guinzagli. Avrai ancora bisogno di un adulto per ogni cane, incluso il cucciolo. Se i cani sembrano andare d'accordo o l'adulto è indifferente al cucciolo, puoi far entrare il tuo cane, rimettere il guinzaglio al cucciolo e tenerlo al guinzaglio mentre entrate.

Una volta terminate le presentazioni, porta il cucciolo nell'area a lui dedicata.

Foto di
Joy Sponaugle

Come presentare un cane adulto ad altri cani

Se un'associazione di recupero non sa quanta socializzazione ha avuto un Cane Corso adulto e non può dire quanto bene il Cane Corso si sia comportato con altri cani, è meglio non adottare quel particolare Cane Corso adulto. Sono una razza fantastica, ma poiché tendono a non amare i propri simili, non vorrai dover restituire il cane adottato a causa di problemi con il tuo cane attuale.

Anche se l'associazione sa che il Cane Corso va d'accordo con altri cani, dovrai comunque affrontare l'introduzione e le prime settimane (e probabilmente mesi) con cautela. Il nuovo Cane Corso avrà bisogno delle sue cose all'inizio e dovrebbe essere tenuto in un'area separata quando non sei presente, finché non sei sicuro che non ci saranno litigi.

Pianifica che l'introduzione duri almeno un'ora. Probabilmente non ci vorrà così tanto, ma devi assicurarti che tutti i cani siano a loro agio durante questo momento. Poiché i cani sono tutti adulti, avranno bisogno di procedere al loro ritmo e, per i Cane Corso che incontrano nuovi cani, questo potrebbe richiedere un po' di tempo.

Per presentare i tuoi cani attuali al nuovo cane, segui gli stessi passaggi che dovresti seguire con un cucciolo.

- Inizia in territorio neutrale.

- Fai in modo che alla presentazione sia presente un adulto per ogni cane (questo è ancora più importante quando si introduce un cane adulto).

- Presenta un cane alla volta – non lasciare che diversi cani incontrino il tuo nuovo Cane Corso tutti insieme. Come potrai ben capire, avere più cani che si avvicinano contemporaneamente in un ambiente non familiare con persone che non conosce molto bene – è snervante per qualsiasi nuovo cane.

A differenza di quanto avviene con un cucciolo, assicurati di portare dei premi all'incontro tra due cani adulti. Gli animali risponderanno bene ai premi e avrai un modo per distrarre rapidamente tutti i presenti se la situazione si fa troppo tesa.

Durante l'introduzione, osserva il Cane Corso e i tuoi cani per vedere se rizzano il pelo. Questo è uno dei primi segni davvero evidenti che un cane è a disagio. Se il pelo del Cane Corso è rizzato, interrompi le presentazioni per un po', richiamando prima il tuo cane attuale. Questo è anche il momento in cui dovresti iniziare a sventolare i premi. Evita di tirare i guinzagli per separare i cani; non vuoi aggiungere tensione fisica alla situazione perché potrebbe scatenare una lotta. I premi funzioneranno per tutti i cani presenti all'inizio, e i tuoi altri cani dovrebbero essere in grado di rispondere quando li chiami per nome.

Se uno qualsiasi dei cani mostra i denti o ringhia, richiamalo e dagli prima la possibilità di calmarsi. Usa i premi e una voce tranquillizzante per farli rilassare. Vuoi che tutti i cani si sentano a loro agio durante il primo incontro, quindi non puoi forzare l'amicizia: se sembrano a disagio o diffidenti all'inizio, dovrai lasciarli procedere al loro ritmo.

Cani anziani e il tuo cucciolo di Cane Corso

Se il tuo cane attuale è anziano, tieni presente che i cuccioli sono energici e probabilmente continueranno a cercare di coinvolgere il cane più anziano nel gioco. Questo può essere incredibilmente faticoso per il tuo cane più anziano. Assicurati che il cane anziano non si stanchi troppo delle buffonate del cucciolo, perché non vuoi che il tuo cucciolo impari a ringhiare contro altri cani. Fai attenzione ai segni che indicano che il tuo cane anziano è pronto per un po' di tempo da solo, un po' di tempo con te senza il cucciolo presente, o semplicemente una pausa dal cucciolo in generale.

Una volta che il tuo Cane Corso è pronto a lasciare definitivamente l'area del cucciolo, vorrai comunque assicurarti che il tuo cane più anziano abbia luoghi sicuri dove andare per stare da solo nel caso in cui non se la senta di stare intorno a un giovane vivace. Questo ridurrà

*Foto di
Mary Blankenship*

Foto di
Laura Foxon and Joshua Szukalski

la probabilità che il tuo cucciolo venga ripetutamente rimproverato e quindi impari a diffidare dei cani più anziani.

Aggressività canina e comportamenti territoriali

«Non tollerare alcuna aggressività tra il tuo nuovo Corso e gli altri animali domestici, poiché è improbabile che si risolva naturalmente».

Christy Tripp
Tripp's Cane Corsi

Una delle ragioni per cui le persone adottano un Cane Corso è avere un cane che li protegga. Questo può farti sentire al sicuro, ma rende anche la socializzazione complicata: questa è una razza che ama dominare ed essere in controllo, e può essere difficile se hai già cani e gatti in casa che sono abituati a un certo tipo di gerarchia.

Ci sono due tipi principali di aggressività che dovresti monitorare nel tuo cane.

- L'aggressività da dominanza si verifica quando il tuo cane vuole dimostrare il controllo su un altro animale o persona. Questo tipo di aggressività si manifesta attraverso i seguenti comportamenti in reazione a chiunque si avvicini agli oggetti del Cane Corso (come giocattoli o ciotola del cibo):

o Ringhiare

o Mordere leggermente

o Scattare con i denti

Questo è il comportamento che il capobranco adotta per avvertire gli altri membri del branco di non toccare le sue cose. Se il tuo Cane Corso reagisce così quando tu, un membro della famiglia o un altro animale domestico vi avvicinate alle sue cose, devi intervenire immediatamente, correggerlo dicendo «No» e riempirlo di lodi quando smette. Devi intervenire con costanza ogni volta che il tuo Cane Corso si comporta in questo modo.

Non lasciare il Cane Corso da solo con altre persone, cani o animali finché manifesta questo tipo di comportamento: tenderà a superare i limiti e, se non sei lì per intervenire, probabilmente cercherà di mostrare la sua dominanza in tua assenza. Vuoi addestrarlo a non reagire in modo aggressivo. Una volta che sei sicuro che il comportamento è stato eliminato, puoi lasciare il tuo cane e il Cane Corso da soli per brevi periodi, rimanendo in un'altra stanza o da qualche parte nelle vicinanze ma fuori dalla loro vista. Col tempo, potrai iniziare a lasciare i tuoi animali domestici da soli quando vai a prendere la posta, poi quando fai commissioni. Alla fine, sarai in grado di lasciare il tuo Cane Corso da solo senza preoccuparti che lui o uno dei tuoi altri cani si senta costretto a mostrare dominanza.

● I maschi di Cane Corso tendono a mostrare più aggressività verso altri cani maschi. Se hai un cucciolo maschio, parla con il tuo veterinario su quando puoi far sterilizzare il tuo cane per ridurre questa tendenza. Questo non solo aiuterà a mantenere la pace in casa, ma renderà anche le passeggiate un po' più facili.

Il tuo Cane Corso dovrà imparare che la casa non è solo sua, ma appartiene alle persone e agli altri cani. La natura territoriale della razza può rendere difficile avere altri cani in visita, a meno che tu non socializzi il tuo Cane Corso fin dall'inizio.

Un forte istinto predatorio naturale

«I Corso hanno un istinto naturale di cattura e raduno, quindi se permetti al tuo cucciolo di inseguire il gatto, le galline, ecc., continuerà sempre a inseguire per catturare. Se correggi il comportamento le prime volte che accade, il cucciolo imparerà che inseguire non è permesso e non rischierai che il tuo gatto venga catturato».

Vicky Glisson
Cape Fear Cane Corso

Per gran parte della storia della razza, i Cane Corso hanno inseguito altri animali. Dopo secoli di inseguimenti, hanno naturalmente un forte istinto predatorio. Se hai animali piccoli, specialmente gatti, questo può essere un vero problema. Se hai un gatto, ti sconsigliamo di adottare un Cane Corso adulto, a meno che non sia assolutamente certo che il cane non inseguirà o potenzialmente ucciderà il tuo gatto. Dovrai pianificare di socializzare il tuo cucciolo di Cane Corso con il gatto molto prima che al cucciolo sia permesso di correre liberamente in casa. Sii sempre presente quando interagiscono in modo da poter correggere il comportamento del cucciolo, in particolare se il cucciolo cerca di inseguire il gatto.

Se hai altri piccoli animali, dovranno essere tenuti in aree dove il tuo Cane Corso non può andare. Conigli, furetti e altri animali domestici tipicamente non sono addestrabili, motivo per cui la maggior parte dei piccoli animali non è in grado di imparare a non scappare, cosa che il tuo cucciolo probabilmente prenderà come un invito a giocare. Probabilmente ucciderà i piccoli animali perché è ciò che secoli di storia gli hanno insegnato a fare. Per mantenere al sicuro i tuoi piccoli animali, tienili in un'area dove non permetti al tuo Cane Corso di andare, anche se sei in casa.

Questo significa che hai bisogno di una recinzione alta; non una elettrica, perché i Cane Corso la attraverseranno. Se non hai una recinzione, il tuo cane può inseguire piccole creature nel giardino, concentrandosi così tanto sull'inseguimento dell'obiettivo da rischiare di correre dritto in strada. Se hai piccoli animali domestici in casa, come roditori, dovrai tenerli in una stanza o area dove il tuo Cane Corso non può andare a nessuna età. Ricorda che i Cane Corso sono intelligenti e, con la loro altezza, possono raggiungere molte cose. Avere una porta tra il tuo cane e gli animali più piccoli sarà più sicuro per tutti.

Pratiche per il momento del pasto

Il tuo cucciolo di Cane Corso sarà nutrito nel suo spazio, quindi l'alimentazione non sarà un problema all'inizio. Quando inizi a nutrire il cucciolo insieme agli altri cani, puoi usare le seguenti istruzioni per ridurre la possibilità di comportamento territoriale con il cibo.

1. Nutri il tuo Cane Corso contemporaneamente agli altri cani, ma in una stanza diversa. Tenerli separati permetterà al tuo Cane Corso di mangiare senza distrazioni o senza temere che gli altri cani mangeranno ciò che è nella sua ciotola. Assicurati di nutrire sempre il tuo Cane Corso nella stessa stanza mentre gli altri cani mangiano nella loro stanza abituale.

2. Tieni il tuo Cane Corso e gli altri cani nelle loro rispettive aree finché non finiscono il loro cibo. Alcuni cani hanno la tendenza a lasciare cibo nella ciotola; non permetterlo: devono finire tutto, perché tutte le ciotole del cibo saranno rimosse non appena avranno finito di mangiare al fine di eliminare la necessità di proteggerle.

3. Assicurati che ci sia qualcuno vicino al cane in modo che il tuo Cane Corso impari a non ringhiare alle persone vicino alla ciotola. Questo aiuterà a ridurre lo stress quando i cani sono intorno al cibo. Se il tuo cane mostra aggressività, correggilo immediatamente dicendo «No«, poi lodalo quando smette. Non tentare di giocare con la ciotola del cibo e assicurati che nessuno dei bambini ci giochi. Il tuo cane deve sapere che nessuno cercherà di rubare il suo cibo.

4. Avvicina i cani gradualmente nel corso di un paio di settimane. Ad esempio, puoi nutrire il tuo cane attuale da un lato della porta vicino all'ingresso e il Cane Corso sul lato opposto.

5. Dopo un mese o due potrai nutrirli nella stessa stanza, ma con una certa distanza tra loro. Se il Cane Corso inizia a mostrare un comportamento protettivo con gli altri cani, correggilo, poi lodalo quando interrompe il comportamento.

Alla fine, potrai iniziare a nutrire i cani vicini. Potranno volerci settimane o mesi, a seconda dell'età del Cane Corso quando arriva a casa tua. I cuccioli richiederanno meno tempo perché saranno socializzati con i cani fin dalla tenera età, rendendoli meno diffidenti. Ciò non significa che non mostreranno un comportamento territoriale, ma probabilmente non ci vorrà molto tempo prima che inizino a sentirsi a loro agio mangiando vicino al resto del loro branco.

Per gli adulti potrebbe volerci più tempo, e non dovresti affrettarti. Lascia che imparino a sentirsi a loro agio durante i pasti prima di apportare cambiamenti, anche piccoli. I cani di qualsiasi razza possono essere protettivi del loro cibo, a seconda di ciò che hanno passato; questo è esacerbato nelle razze come il Cane Corso. Hanno bisogno di sentirsi sicuri che questo comportamento protettivo non sia necessario intorno ad altri cani prima che mangino senza incidenti. Ciò significa lasciare che costruiscano la loro fiducia e il loro comfort al loro ritmo.

CAPITOLO 9.
Le prime settimane

«Spesso, con i nuovi proprietari, il dolce cucciolo diventa dominante e inizia a prevaricare i membri più deboli del «branco» familiare. Questo non può essere permesso. Il cucciolo di Corso entrerà in casa e leggerà la famiglia immediatamente. Sapere come essere l'alfa per il tuo cucciolo di Corso è fondamentale. Questo comportamento deve essere corretto quando sono ancora piccoli e facili da controllare. La cosa peggiore che possa accadere è che la famiglia permetta questo comportamento, magari non riconoscendo il comportamento alfa nel cane, e poi quando il cane compie 2 anni e pesa 50 kg chiamano preoccupati perché il cane ringhia ai bambini... non è una situazione piacevole, ed è completamente evitabile.»

Vicky Glisson
Cape Fear Cane Corso

Il tuo cucciolo di Cane Corso probabilmente passerà la maggior parte della sua prima settimana a casa alternando momenti di eccitazione a momenti di nervosismo (anche se la maggior parte del tempo la passerà dormendo). Dopo aver capito che la tua casa è la sua casa, il tuo cucciolo inizierà a mostrare più personalità e interesse per il suo nuovo mondo. Mentre la sua intelligenza probabilmente renderà il tuo cucciolo facile da addestrare, significa anche che sarà incline a mettersi nei guai. Dovrai aiutare il tuo cucciolo a sentirsi a suo agio dandogli molta attenzione per fargli capire che è quel nuovo ambiente è casa sua.

Il legame che inizierai a costruire in quella prima settimana si svilupperà durante il primo mese. Entro la fine del mese, il tuo cucciolo dovrebbe dormire tutta la notte e potrebbe avere sviluppato una discreta comprensione di dove fare i bisogni (anche se persino l'intelligente Cane Corso probabilmente richiederà più di un mese per essere completamente educato a fare i bisogni fuori casa). Avrai anche una buona comprensione della personalità del tuo cane, il che renderà molto più facile sapere come confortare il cucciolo nei suoi sempre più rari momenti di incertezza.

Il primo mese è quando devi davvero iniziare a prestare attenzione alla personalità emergente del tuo cucciolo. Questo è il momento di iniziare gradualmente a fermare o ridurre qualsiasi comportamento indesiderato, in particolare il mordicchiare, l'aggressività e i comportamenti territoriali. Con la loro lunga storia di lealtà e obbedienza, i Cane Corso possono essere facili da addestrare una volta che capiscono che sei tu il capo. La maggior parte dei Cane Corso risponde bene al rinforzo positivo non basato sul cibo (anche se preferiscono decisamente un addestramento basato sul cibo rispetto ai semplici elogi – adorano mangiare!). Tuttavia, dato che soffrirai di privazione del sonno durante quelle prime settimane, potresti trovare difficile applicare il rinforzo positivo – quindi, il cibo funzionerà come sostituto mentre il tuo cervello ha difficoltà a offrire elogi.

La chiave durante questo periodo è rimanere coerente. Finché ti attieni alle regole e rimani fermo, inizierai a vedere risultati rapidamente, perché questa è una razza che è sia intelligente che incline ad ascoltare la persona al comando. Usa ciò che impari sulla personalità del tuo cucciolo per incoraggiare il buon comportamento.

Stabilire le regole e rispettarle

Il tuo cucciolo deve comprendere le regole e sapere che tu e la tua famiglia fate sul serio. Un approccio fermo e coerente è il migliore sia per te che per il tuo cane. Se non rimani coerente, stai preparando te stesso e il tuo Cane Corso a molti conflitti che renderanno tutti infelici. Una volta che il tuo cane impara ad ascoltarti, addestrare il tuo Cane Corso a eseguire trucchi può facilmente diventare il momento più bello della tua giornata.

Stabilisci una politica di «niente salti e niente morsi»

Mordicchiare

Tutti i cuccioli mordicchiano, ma razze come il Cane Corso richiedono più attenzione a causa della loro vasta storia come cani da combattimento e da lavoro. Parte della gestione del bestiame consiste nel mordicchiare per tenerlo in riga, ma quando un Cane Corso è completamente cresciuto, il suo morso può causare gravi ferite. Ecco perché è così importante fermare il mordicchiare fin dall'inizio.

Foto di
Siobhan Clarkson

Uno dei fattori scatenanti per il mordicchiare è la sovrastimolazione, che può essere segno che il tuo cucciolo è troppo stanco per continuare a giocare o ad allenarsi e dovresti metterlo a letto.

Un altro fattore scatenante potrebbe essere che il tuo cane ha troppa energia. Se questo è il caso, porta il tuo cucciolo fuori per bruciare un po' di quell'energia in eccesso. Allo stesso tempo, fai attenzione a non far fare troppo esercizio al cucciolo.

L'addestramento all'obbedienza è il modo migliore per affrontare il mordicchiare, ma dato che i cuccioli potrebbero non essere pronti per quel tipo di addestramento nel primo mese, devi essere vigile e far sapere immediatamente al tuo cucciolo che mordicchiare non è accettabile. Alcune persone consigliano di usare uno spruzzatore d'acqua e spruzzare il cucciolo dicendo «No» dopo che ha mordicchiato. Questo è uno dei pochi casi in cui la punizione può essere efficace, ma devi fare attenzione a non associarla a nient'altro che al mordicchiare.

Dì sempre al tuo cucciolo «No» con fermezza ogni volta che sta mordicchiando, anche se è durante il gioco. Dovresti anche allontanarti e dire «Ahi!» ad alta voce per far sapere al tuo cucciolo che i suoi denti ti stanno facendo male. Questo aiuterà a stabilire l'idea che mordicchiare è male e non viene mai premiato.

Masticare

Masticare può essere un problema costoso. Che stia masticando i tuoi mobili, utensili o vestiti, vorrai scoraggiare questo comportamento il più rapidamente possibile. Assicurati di avere giocattoli adeguati per il tuo Cane Corso (sia adulto che cucciolo) in modo da potergli insegnare cosa è accettabile masticare.

Per la maggior parte, tenere d'occhio il tuo cane quando non è nel suo spazio designato ti aiuterà a vedere rapidamente quando sta masticando cose che non dovrebbe. Quando questo accade, dì «No» con fermezza. Se il tuo cane continua a masticare, rimettilo nel suo spazio assicurandoti che abbia molti giocattoli da masticare.

Se decidi di usare dei deterrenti, tieni presente che ad alcuni cani non importa che un oggetto abbia un cattivo sapore – lo masticheranno comunque. Non applicare questi deterrenti per poi lasciare il tuo cane da solo aspettandoti che smetta di masticare: devi vedere la reazione del tuo cane per assicurarti che la cattiva abitudine sia stata eliminata.

Saltare

«Scoraggia sempre il saltare su di te o su altre persone; questi sono animali grandi. Un salto inaspettato da un Corso adulto può rapidamente causare lesioni a bambini e anziani.»

Sabastian Freitas
Freitas Cane Corsos

Puoi usare gli stessi metodi per insegnare al tuo Cane Corso a non saltare addosso alle persone. Quell'eccitazione tanto carina da cucciolo sarà pericolosa, quando il tuo Cane Corso adulto di 45 kg inizierà a saltare addosso alle persone.

I cani tipicamente saltano sulle persone quando le salutano per la prima volta: ciò significa che è meno probabile che tu abbia l'opportunità di correggere questo problema senza portare qualcun altro in casa. Metti in pratica i seguenti passaggi quando hai un visitatore (se puoi trovare qualcuno disposto ad aiutarti, l'addestramento sarà molto più facile).

1. Metti un guinzaglio al cane quando la persona bussa alla porta o suona il campanello. Il suono inevitabilmente ecciterà la maggior parte dei cani, specialmente i cuccioli.

2. Fai entrare la persona, ma non avvicinarti all'ospite con il cucciolo finché non si calma.

3. Sii generoso nei tuoi elogi quando il cucciolo mantiene tutte e quattro le zampe a terra. Avvicinati al visitatore solo dopo che il tuo Cane Corso si è calmato.

4. Quando il cucciolo salta, girati e ignoralo. Non correggerlo verbalmente. Essere completamente ignorato sarà un gesto molto più un deterrente di qualsiasi parola tu possa dire.

5. Dai al tuo cane qualcosa da tenere in bocca se non si calma. A volte i cani hanno solo bisogno di un compito per ridurre la loro eccitazione. Un peluche o una palla sono ideali per distrarlo, anche se il tuo cane lo lascia cadere.

6. Abbassati e accarezza il tuo cane. Avere qualcuno al suo livello lo farà sentire incluso. Gli permette anche di annusarti il viso, che è parte di un saluto appropriato. Se il tuo visitatore è disposto ad aiutare, questo evidente riconoscimento può essere un deterrente dal saltare poiché la persona è già al livello del tuo cane.

Addestramento basato sui premi vs. addestramento basato sulla disciplina

Altri capitoli dettagliano i vari aspetti dell'addestramento, ma è importante tenere a mente quanto sia più efficiente addestrare con i premi piuttosto che con le punizioni. Questa sarà una sfida particolare, poiché i cuccioli possono essere esuberanti e si distraggono facilmente. È importante ricordare che il tuo cucciolo è giovane, quindi devi mantenere la calma e imparare quando hai bisogno di prenderti una pausa dall'addestramento.

Diversi aspetti critici su cui dovrai iniziare a lavorare durante il primo mese:

- Educazione ai bisogni (Capitolo 10)
- Addestramento al trasportino (Capitolo 5)
- Abbaiare (Capitolo 12)
- Istinto di protezione (non inizierai a occuparti di questo durante il primo mese, ma dovrai iniziare a valutarlo se vuoi che il tuo cane sia un protettore ideale) (Capitolo 12)

Scopri quanto ha fatto l'allevatore in termini di educazione ai bisogni e altre aree simili. I migliori allevatori potrebbero persino insegnare ai cuccioli uno o due comandi prima che tornino a casa con te. Se questo è il caso, continua a usare quegli stessi comandi con il tuo cucciolo in modo che l'addestramento iniziale non vada perso. Questo può aiutarti a stabilire il tono giusto da usare perché il cucciolo saprà già cosa significano le parole e come reagire a esse. Una volta che capisce questo, coglierà più rapidamente altri usi di quel tono. È un altro ottimo modo per far sapere al tuo piccolo quando fai sul serio rispetto a quando vuoi giocare. Questo tipo di distinzioni sono facilmente colte dai Cane Corso e il tuo cane sarà più che felice di accontentarti.

Ansia da separazione nei cani e nei cuccioli

I Cane Corso possono avere una notevole ansia da separazione e diventare molto distruttivi se vengono lasciati soli per molto tempo. L'ansia da separazione dei cani da lavoro è un po' diversa dall'ansia delle razze toy: se dai al tuo cane da lavoro qualcosa da fare mentre sei via, la sensazione di separazione non sarà così intensa; al massimo si annoierà. Tuttavia, è un problema che probabilmente incontrerai, quindi devi pianificare in antici-

*Foto di
Molly Cunningham*

po per aiutare il tuo cucciolo a capire che la tua assenza non significa che non tornerai.

All'inizio, mantieni al minimo il tempo che il cucciolo trascorre da solo. I suoni delle persone in casa aiuteranno il tuo Cane Corso a capire che la separazione non è permanente. Dopo la prima settimana circa, potrai iniziare a uscire per prendere la posta, lasciando il cucciolo dentro da solo per pochi minuti. Nel giro di qualche giorno, puoi allungare la quantità di tempo in cui sei lontano dal cucciolo fino a lasciarlo solo per circa 30 minuti alla volta.

Ecco alcune linee guida di base per quando inizi a lasciare il tuo cucciolo da solo.

- Porta fuori il cucciolo circa 30 minuti prima di uscire.

- Stanca il cucciolo con esercizio o gioco in modo che la tua partenza non sia un grosso problema.

- Metti il cucciolo nella sua area ben prima di uscire per evitare che associ quello spazio con l'imminenza di qualcosa di brutto.

- Non dare al tuo cucciolo attenzione extra proprio prima di uscire; anche questo può rafforzare l'idea che dai attenzioni prima che accada qualcosa di brutto.

- Evita di rimproverare il tuo Cane Corso per qualsiasi guaio combinato mentre sei via. I rimproveri gli insegnano a stressarsi ancora di più durante la tua assenza perché gli sembrerà che torni a casa arrabbiato.

Se il tuo Cane Corso mostra segni di ansia da separazione, puoi fare diverse cose per aiutarlo a sentirsi a suo agio durante la tua assenza.

- I giocattoli da masticare possono dare al tuo cane qualcosa di accettabile da rosicchiare mentre sei via.

- Una coperta o una maglietta che odora di te o di altri membri della famiglia può aiutare a fornire conforto. Assicurati solo di non dare al tuo cucciolo un indumento molto sporco mentre sei via; non vuoi farlo ammalare a causa di veleni o sporco. Se hai indossato l'oggetto e non l'hai sporcato molto, questo è l'ideale; assicurati solo di non essere stato in contatto con prodotti chimici durante il giorno in cui l'hai indossato. Devi anche assicurarti che il tuo cane non mangi l'oggetto in tua assenza. Se non vuoi che faccia a pezzi l'oggetto, non dargli qualcosa che vuoi indossare di nuovo. Opta per qualcosa che sai che non indosserai più.

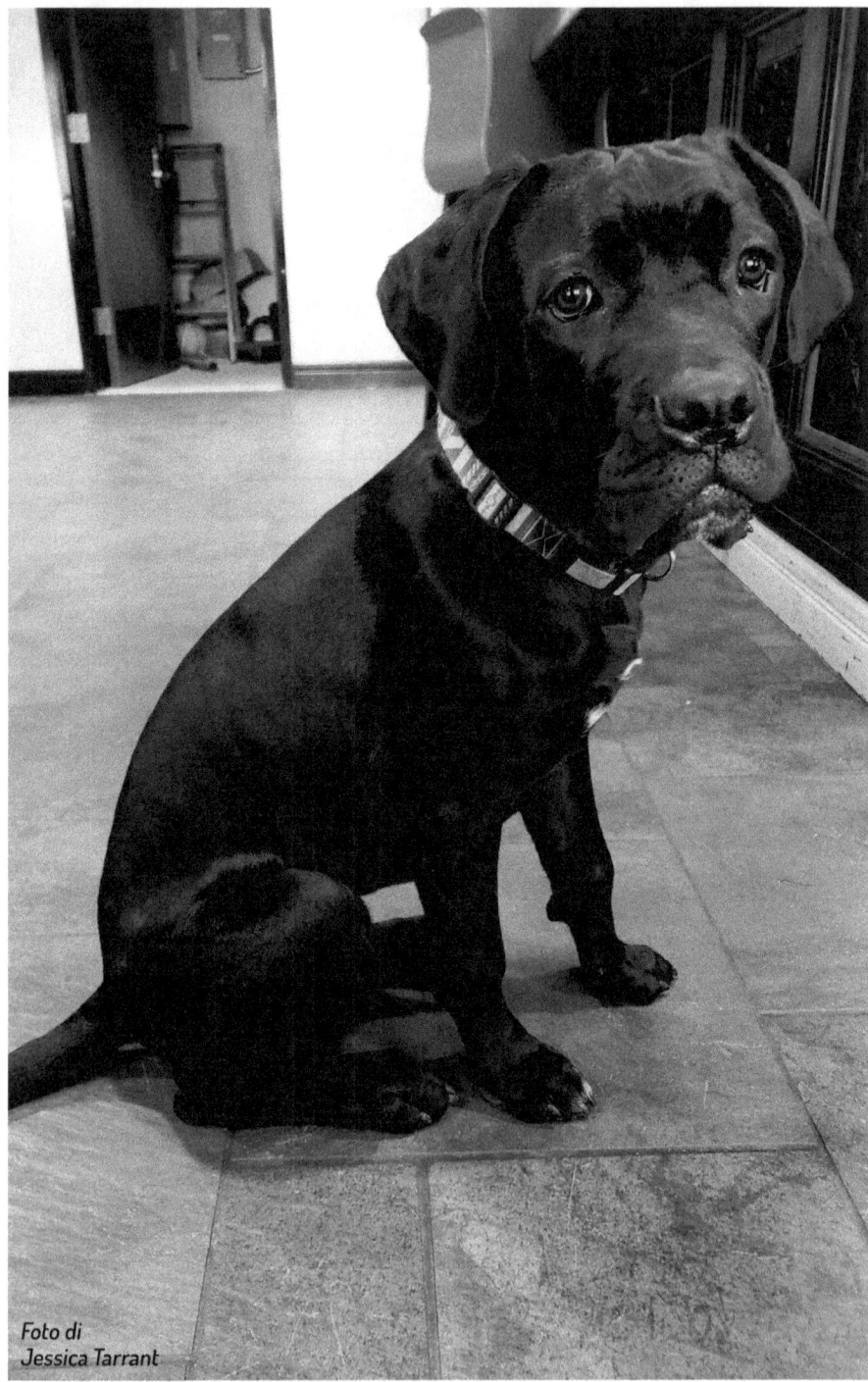

*Foto di
Jessica Tarrant*

- Lascia l'area ben illuminata, anche se è giorno. Se dovesse succedere qualcosa e tornassi a casa più tardi di quanto intendevi, non vuoi che il tuo Cane Corso abbia trascorso del tempo da solo al buio.

- Accendi uno stereo (la musica classica è la migliore) o la televisione (programmi d'epoca che non hanno rumori forti sono l'ideale,) in modo che la casa non sia completamente silenziosa e i rumori non familiari siano meno evidenti.

Non ci vorrà molto tempo al tuo Cane Corso per notare il tipo di comportamento che indica che stai uscendo. Prendere le chiavi, la borsa, il portafoglio e altri segnali diventeranno rapidamente fattori scatenanti che potrebbero rendere ansioso il tuo Cane Corso. Non farne un grosso problema: se ti comporti normalmente, col tempo il tuo Cane Corso capirà che la tua partenza non è la fine del mondo e che tutto andrà bene.

Non esagerare, fisicamente o mentalmente

Un cucciolo stanco è molto simile a un bambino stanco; devi impedire al piccolo di esaurirsi o di sforzare troppo quelle piccole zampe. In generale, devi fare attenzione a non danneggiare le ossa in crescita del tuo cucciolo. Il tuo piccolo Cane Corso probabilmente penserà che il sonno sia inutile, non importa quanto sia stanco: sta a te capire quando fermare tutte le attività e mettere a letto il tuo cucciolo o fare una pausa.

L'addestramento deve essere condotto in incrementi di tempo che il tuo cucciolo o cane può gestire. Fai attenzione a non spingere l'addestramento oltre la soglia di concentrazione del cucciolo o a non scoraggiare il tuo cane adulto con comandi troppo avanzati. Se continui l'addestramento oltre i livelli di energia del tuo cucciolo, le lezioni apprese non saranno quelle che vuoi insegnare al tuo cane. A questa età, le sessioni di addestramento non devono essere lunghe, ma solo coerenti.

Le passeggiate saranno molto più brevi durante quel primo mese. Quando esci, rimani entro pochi isolati da casa. Non preoccuparti: entro la fine del mese, il tuo cucciolo avrà molta più resistenza e potrete godervi passeggiate più lunghe e brevi viaggi lontano da casa, se necessario. Entro la fine del primo anno dovresti essere in grado di fare una breve corsa, a seconda dei consigli del tuo veterinario. Puoi anche fare un po' di corsa al guinzaglio in giardino, se il tuo cucciolo ha molta energia in eccesso: questo aiuterà il tuo Cane Corso a imparare come comportarsi al guinzaglio mentre corre. I cuccioli hanno la tendenza a voler attaccare il guinzaglio perché è una distrazione dal correre liberamente.

Solo perché all'inizio il tuo cucciolo non può fare lunghe passeggiate, non significa che non avrà molta energia. L'esercizio quotidiano sarà essenziale, con l'avvertenza che devi assicurarti che il tuo cucciolo non faccia troppo. Ricorda, è di una razza molto intelligente, il che significa che si metterà nei guai quando si annoia: se non correggi queste abitudini prima che diventi adulto, avrai difficoltà a cercare di fargli smettere quei comportamenti indesiderati, come masticare i mobili e saltare addosso alle persone quando è eccitato. Rimanere attivo lo aiuterà non solo a essere sano, ma lo manterrà mentalmente stimolato. Ti renderai conto rapidamente di quanto sei stato sedentario se non hai mai avuto un cane prima, perché sarai in movimento quasi tutto il tempo in cui il cucciolo è sveglio.

CAPITOLO 10.
Educazione alla pulizia domestica

«I Cane Corso sono creature abitudinarie e facilmente addestrabili (se addestrati correttamente). Falli seguire una routine ripetitiva. Per esempio, portali fuori ogni mattina e dopo che mangiano/bevono. Usa comandi/parole chiave semplici quando li porti fuori. Sono desiderosi di compiacerti e ansiosi di uscire all'aperto. Sii paziente con loro; scoprirai che i Corso si adattano rapidamente se addestrati nel modo giusto. I Corso sono cani molto affettuosi e possono essere sensibili, quindi non perdere la pazienza con loro!»

Sabastian Freitas
Freitas Cane Corsos

ESicuramente una delle parti peggiori dell'accogliere un cucciolo in casa, l'educazione alla pulizia domestica è un'attività spiacevole che può mettere alla prova la tua pazienza. È disordinata e richiede di mantenere la calma quando il tuo cucciolo non sembra capire esattamente cosa vuoi che faccia. Nonostante le difficoltà, devi mantenere la pazienza per far comprendere al cucciolo lo scopo dell'addestramento.

Educare un cucciolo alla pulizia domestica non è più difficile o dispendioso in termini di tempo rispetto all'insegnare a un bambino piccolo come usare il vasino. A differenza di un bambino, però, devi essere praticamente sempre in modalità di monitoraggio durante i primi mesi (anche se hai un giardino). Ecco perché è così importante stabilire una routine e non discostarsene mai.

Usare il guinzaglio può essere molto utile per assicurarsi che il cucciolo impari quando e dove fare i bisogni, ma incontrerai comunque delle sfide mentre lavori per stabilire la gerarchia e convincere il tuo cucciolo ad ascoltarti.

Assicurati di applicare costantemente queste due regole.

1. Non lasciare mai che il cucciolo giri per casa da solo. I cani non amano avere una cuccia sporca, quindi è meno probabile che il tuo cucciolo faccia i suoi bisogni nella gabbia o vicino alla sua cuccia. Il tuo Cane Corso non sarà contento all'idea di trovarsi in una gabbia spor-

ca, motivo per cui questo è un deterrente dall'usare il bagno quando non sei nei paraggi.

2. Dai al tuo cucciolo un accesso costante e facile ai luoghi in cui prevedi di educarlo a fare i bisogni. Dovrai fare frequenti uscite mentre il tuo cucciolo impara dove fare i suoi bisogni, soprattutto se non ha accesso costante a un luogo per farli. Quando uscite, metti il guinzaglio al tuo cucciolo per assicurarti di indicargli con precisione dove vuoi che faccia i bisogni nel tuo giardino.

Inizia sempre con un piano di addestramento, poi sii ancora più severo con te stesso di quanto lo sei con il tuo cucciolo per mantenere quella routine. Tu sei la chiave affinché il cucciolo impari dove è accettabile fare i suoi bisogni.

Foto di
William White

Dentro o fuori? Opzioni e considerazioni per l'educazione alla pulizia domestica

Se il tuo allevatore ha già iniziato a educare il cucciolo alla pulizia domestica, attieniti al metodo che ha utilizzato: cambiarlo renderà il tuo Cane Corso più propenso a confondersi o a credere che l'educazione alla pulizia sia facoltativa.

Hai varie opzioni per educare il tuo cucciolo alla pulizia:

- Tappetini assorbenti – dovresti averne diversi in casa per l'addestramento, anche nell'area del cucciolo, ma il più lontano possibile dal suo letto
- Uscite regolari all'esterno – organizzale in base alla routine di sonno e alimentazione del tuo cucciolo
- Ricompense – puoi usare premietti all'inizio, ma passa rapidamente alle lodi

All'inizio, il modo migliore per educare il tuo cane alla pulizia è uscire più volte, anche di notte, in modo che il tuo cucciolo impari a fare tutti i bisogni fuori. Durante i primi mesi, è meglio usare il guinzaglio quando porti fuori il cucciolo; questo lo aiuterà a imparare a camminare al guinzaglio e a non distrarsi.

Un avvertimento: non iniziare a lodare il cucciolo finché non ha finito di fare i bisogni. Lodarlo mentre non ha ancora finito potrebbe interromperlo, aumentando le probabilità che riprenda quando tornate dentro casa.

Stabilire una routine

Devi tenere d'occhio il tuo cucciolo e programmare le sessioni di educazione alla pulizia:

- Dopo mangiato
- Dopo il sonno e ogni pisolino
- Secondo una routine (dopo averne stabilita una)

Osserva il tuo Cane Corso per cogliere segnali come annusare e girare in tondo, due attività molto comuni quando un cucciolo cerca un posto dove fare i bisogni. Inizia a personalizzare la tua routine in base alle esigenze uniche del tuo cucciolo.

I cuccioli hanno vesciche piccole e poco controllo nei primi giorni. Se devi addestrare il tuo cucciolo a fare i bisogni in casa, deve esserci un unico spazio designato con un tappetino pulito nell'area del cucciolo e devi fare scorta di tappetini appropriati affinché il cucciolo abbia un posto dove andare che non sia il pavimento. I tappetini sono migliori dei giornali e possono assorbire di più. Dovrai pianificare la transizione verso l'esterno il più rapidamente possibile prima che il Cane Corso impari che fare i bisogni in casa è accettabile.

Scegliere una posizione

Uno spazio designato per i bisogni può aiutare a rendere l'esperienza di educazione alla pulizia più facile, perché il Cane Corso inizierà ad associare un'area del giardino a quell'unico scopo, piuttosto che annusare in giro finché non trova un posto di sua scelta. Fargli fare i bisogni regolarmente in un certo posto renderà anche la pulizia molto più semplice: in questo modo, potrai continuare a usare tutto il giardino invece di doverti preoccupare di calpestare escrementi ogni volta che cammini nei tuoi spazi esterni.

Le passeggiate fuori sono il momento perfetto per addestrare il tuo cucciolo a fare i bisogni. Tra passeggiate e giardino, il tuo cucciolo arriverà a vedere il guinzaglio come un segnale che è ora di svuotare la vescica, il che potrebbe diventare una risposta pavloviana. Dato che i Cane Corso sono particolarmente intelligenti, non ci vorrà molto tempo al tuo compagno per capire la correlazione.

Assicurati di prestare attenzione al tuo cucciolo per tutto il tempo in cui siete fuori. Devi assicurarti che capisca che lo scopo di uscire è fare i bisogni. Non mandare il tuo cucciolo fuori senza assicurarti che abbia fatto ciò che volevi. Finché ci sono incidenti in casa, devi verificare che il tuo cucciolo non perda la concentrazione mentre è fuori.

Addestramento con parole chiave

Ogni addestramento dovrebbe includere parole chiave, educazione alla pulizia domestica inclusa. Tu e tutti i membri della famiglia dovreste sapere quali parole usare quando addestrate il vostro cane a fare i bisogni, e dovreste tutti usare quelle parole in modo coerente. Se hai abbinato un adulto a un bambino, l'adulto deve essere quello che usa la parola chiave durante l'addestramento.

Per evitare di confondere il tuo cucciolo, fai attenzione a non selezionare parole che usi spesso in casa. Usa una frase come «Fai i bisogni» per far sapere al tuo cucciolo che è ora di mettersi al lavoro, non qualcosa che coinvolga la parola bagno o vasino – queste sono parole che probabilmente dirai già dentro casa, il che potrebbe spingerlo a fare i bisogni quando non intendi che li faccia. «Fai i bisogni» non è una frase che la maggior parte delle persone usa nella routine quotidiana; quindi, non è qualcosa che probabilmente dirai involontariamente se non vuoi che il tuo cucciolo usi il bagno.

Una volta che il tuo cucciolo impara a usare il bagno su comando, assicurati che finisca prima di offrire lodi o ricompense.

Premia il buon comportamento con il rinforzo positivo

Il rinforzo positivo è incredibilmente efficace con i Cane Corso. All'inizio, porta con te alcune crocchette quando stai insegnando al tuo cucciolo dove andare, sia dentro che fuori casa. Imparare che sei tu quello al comando aiuterà a insegnare al Cane Corso a guardare a te per ricevere segnali e istruzioni.

Parte dell'essere coerente con l'addestramento significa riempire di lodi il piccolo ogni volta che il tuo cucciolo fa la cosa giusta. Se conduci delicatamente il tuo cucciolo nell'area con un guinzaglio senza altre fermate, nel tempo diventerà ovvio che il tuo Cane Corso deve andare lì per usare il bagno. Una volta che sei fuori, incoraggia il tuo Cane Corso a fare i bisogni quando arrivi nel punto del giardino destinato a essere il suo bagno. Non appena fa i suoi bisogni, dagli immediatamente lodi molto entusiaste. Accarezza il tuo cucciolo mentre parli per far sapere al piccolo quanto è stata buona l'azione. Una volta finita la lode, rientra immediatamente. Questo non è il momento di giocare, quindi non rimanere fuori. Vuoi che il tuo cucciolo associ certe uscite con il momento designato per fare i bisogni.

Le lodi sono molto più efficaci per i Cane Corso, ma puoi anche dare al tuo cucciolo un premietto dopo alcune uscite di successo. Non rendere i premietti un'abitudine dopo ogni uscita: non vuoi che il tuo Cane Corso ne aspetti uno ogni volta. La lezione è uscire, e questo può includere premietti.

Il modo migliore per addestrare ai bisogni nei primi uno o due mesi è uscire ogni ora o due, anche di notte. Dovrai impostare una sveglia per svegliarti entro quel lasso di tempo per portare il cucciolo fuori. Usa il guinzaglio per mantenere l'attenzione sull'uso del bagno, dai le stesse lodi entusiaste, poi rientra immediatamente e torna a letto. È difficile, ma il tuo Cane

Corso capirà molto più velocemente se non c'è un lungo periodo tra le pause per i bisogni. Con il tempo, il cucciolo avrà bisogno di uscire meno frequentemente, dandoti più riposo.

Se il tuo Cane Corso ha un incidente, è importante astenersi dal punire il cucciolo. Gli incidenti non sono un motivo per punire: riguardano più il tuo addestramento e la tua routine che ciò che il cucciolo ha imparato. Detto questo, gli incidenti sono praticamente inevitabili. Quando capitano, di' al tuo cucciolo: «No. Bisogni fuori!» e pulisci subito il pasticcio. Una volta fatto, porta il cucciolo fuori a fare i bisogni. Naturalmente, se il tuo cucciolo non fa i bisogni, non riceve alcuna lode.

Pulizia

Pulisci qualsiasi pasticcio in casa non appena lo trovi. A meno che tu non veda il tuo cucciolo usare il bagno in casa, non ha senso il rinforzo negativo: il tuo cane imparerà semplicemente a nascondere il suo pasticcio per evitare di essere punito. Porta invece il cane fuori e vedi se userà il bagno. Se qualcuno è in casa, è meglio che pulisca il pasticcio il più rapidamente possibile anche se tu non sei presente.

Presta attenzione a quando avvengono questi incidenti e determina se c'è qualche fattore ricorrente. Forse devi aggiungere un'uscita aggiuntiva per il tuo cucciolo o fare un cambiamento nella sua routine, o forse c'è qualcosa che sta spaventando il tuo cane, facendogli avere un incidente in casa.

Pulisci il tuo giardino dopo il passaggio del tuo cane. Anche se il tuo cane va in una singola parte del giardino, non dovresti mai lasciare che diventi sporco. Il tuo cane non dovrebbe camminare attraverso i suoi stessi escrementi per usare il bagno. Occasionalmente puoi lasciarli per un giorno o due, come durante periodi di forte pioggia o neve, ma questa dovrebbe essere l'eccezione, non la norma.

CAPITOLO 11.
Socializzazione

«Il comportamento indesiderato più comune nei Cane Corso è l'aggressività verso altri cani, che è anche il più difficile da correggere. Socializza il tuo cane fin da piccolo e correggi i comportamenti negativi quando è ancora un cucciolo. L'aggressività verso le persone non dovrebbe mai essere tollerata. I Cane Corso sono naturalmente protettivi. Non confondere la natura protettiva con l'aggressività. Se il comportamento persiste dopo i 5-6 mesi d'età, cerca l'assistenza di addestratori professionisti.»

Christy Tripp
Tripp's Cane Corsi

Foto di
Deborah Mohr

Cane Corso sono assolutamente impavidi e hanno un forte desiderio di proteggere il loro branco. Questo è uno dei motivi per cui le persone vogliono accogliere questo cane, altrimenti giocherellone, nella propria famiglia; un grande cane protettivo può aiutare a rendere la tua casa molto più sicura. Tuttavia, poiché è un membro della tua famiglia, vorrai che il tuo Cane Corso sia felice in compagnia di altre persone e cani e che impari che la stragrande maggioranza di essi non rappresenta una minaccia. La socializzazione permette al tuo cucciolo di Cane Corso di imparare che può essere molto divertente giocare con le persone che inviti a casa tua e con i cani che incontri durante le passeggiate. Per insegnare al tuo Cane Corso che il mondo è in realtà qualcosa da apprezzare e non qualcosa di cui essere costantemente diffidente, devi iniziare la socializzazione fin dalla più tenera età. Ricorda solo che prima di essere esposto ad altri cani, il tuo cucciolo dovrà aver ricevuto tutte le vaccinazioni necessarie.

La socializzazione è fondamentale per il Cane Corso: rendila positiva

«Inizia il prima possibile quando sono cuccioli. La maggior parte dei Corso (se cresciuti con altri cani o animali) si adatta bene. Assicurati che ogni esperienza con altri animali sia positiva e piacevole, poiché le esperienze negative possono creare aggressività e paura verso gli altri animali man mano che il tuo Corso cresce.»

Tina Frey
Cypress Arrow Kennels

La socializzazione è importante per tutti i cani, ma per le razze da guardia, come il Cane Corso, il Pastore Tedesco, il Rottweiler e il Doberman, è assolutamente fondamentale. Sebbene la reputazione del Cane Corso sia decisamente immeritata, visto che per affetto e amorevolezza è alla pari di un Labrador o un Collie, questa razza tende a essere diffidente verso gli estranei e altri animali. Non socializzare adeguatamente il tuo Cane Corso può risultare in un cane adulto molto pericoloso. La maggior parte dei Cane Corso non adeguatamente socializzati vorrà dominare gli altri cani: non cercheranno di combattere tutti i cani che incontrano, ma vorranno che sappiano chi comanda.

Il vantaggio della socializzazione precoce è che può rendere la vita molto più piacevole per tutti i soggetti coinvolti, indipendentemente dalla situazione. Un cane socializzato affronterà il mondo da una prospettiva molto migliore rispetto a un cane non socializzato. Durante la socializzazione valgono comunque tutte le altre regole, che dovrai sempre tenere a mente mentre aiuti il tuo cane a fare nuove amicizie.

Salutare correttamente nuove persone

«Sebbene le aree cani possano essere uno strumento per socializzare il tuo cucciolo, deve essere fatto con attenzione. Alcuni cani nelle aree cani non sono addestrati o socializzati e potresti creare una risposta di paura o aggressività nel tuo cane a causa di altri cani che mancano di educazione e controllo.»

Christy Tripp
Tripp's Cane Corsi

Salutare nuove persone può essere complicato con il Cane Corso, particolarmente quando sei a casa, poiché avrà una mentalità territoriale oltre a una naturale diffidenza verso gli estranei. Addestrare il tuo Cane Corso su come trattare i visitatori potrebbe richiedere un po' più di tempo, perché potrebbe non volere molte attenzioni come potrebbe volerne troppe. I Cane Corso sono tutti unici: alcuni preferiscono analizzare i visitatori prima di decidere di interagire; amano le loro persone e vedono i visitatori più come un'interruzione del tempo con il branco. Altri vedranno che ti stai godendo l'interazione e vorranno farne parte. Entrambi gli atteggiamenti vanno perfettamente bene, purché il tuo Cane Corso impari che le persone che inviti a casa tua non rappresentano un problema.

Per presentare il tuo cucciolo a una nuova persona, prova uno di questi metodi:

1. Cerca di far incontrare al tuo cucciolo nuove persone ogni giorno, se possibile. Questo potrebbe avvenire durante le passeggiate o mentre stai facendo altre attività fuori casa. Se non puoi incontrare nuove persone ogni giorno, prova almeno 4 volte a settimana.

2. Invita amici e familiari a casa e lascia che dedichino qualche minuto a dare attenzione al cucciolo. Se il tuo cucciolo ha un gioco o un'attività preferita, fallo sapere alle persone in modo che possano giocare con

lui. Questo conquisterà il piccolo molto rapidamente e gli insegnerà che le nuove persone sono divertenti e sicure.

3. Una volta che il tuo cucciolo sarà abbastanza grande per imparare i trucchi (dopo il primo mese – non cercare di insegnargli trucchi immediatamente), fai dimostrare al tuo piccolo amico i suoi trucchi quando hai visitatori. Questo sarà davvero importante man mano che il tuo cucciolo diventa più grande, perché molte persone si innervosiscono intorno ai cani di taglia grande: una dimostrazione di trucchi li aiuterà a vedere che il tuo cane è giocherellone e buffo come gli altri cani.

4. Evita le folle per i primi mesi. Quando il tuo cucciolo avrà un'età compresa tra diversi mesi fino a un anno, partecipa ad alcuni eventi dog-friendly in modo che impari a non sentirsi a disagio intorno a un grande gruppo di persone.

Periodi di regressione durante la maturità sessuale

La maturità sessuale nei cani avviene molto prima che negli esseri umani. Per i cani di taglia grande come il Cane Corso, la maturità di solito arriva un po' più tardi. Può iniziare già a sei mesi, come per la maggior parte degli altri canidi, ma alcuni non raggiungono la maturità sessuale fino a 14 mesi. Durante questo periodo, il tuo cane maschio inizierà ad alzare la zampa, mentre la tua femmina inizierà ad andare in calore.

Durante questo periodo, il tuo Cane Corso potrebbe iniziare a mostrare cambiamenti nella personalità. In genere, la razza inizia a mostrare la sua natura protettiva e territoriale quando i cani iniziano a maturare sessualmente. I Cane Corso potrebbero anche iniziare a diventare più diffidenti verso nuove persone e cani, o potrebbero comportarsi in modo timido in situazioni non familiari. Il modo migliore per affrontare queste evenienze è lasciare che il tuo cane superi quell'apprensione e paura, evitando comunque di dargli l'impressione che il suo comportamento sia accettabile. È probabile che il tuo cane lo interpreti come un'approvazione ad avere paura o ad essere aggressivo: piuttosto, comportati come hai sempre fatto per mostrare al cucciolo che nulla è cambiato. Non affrontando la paura, stai aiutando il tuo cane a tornare al suo comportamento normale molto più velocemente.

Una volta raggiunta la maturità sessuale, è anche meno probabile che il tuo Cane Corso riesca a concentrarsi durante le sessioni di addestramento. Pensa al tuo Cane Corso come a un adolescente che sta attraversando la pubertà e adatta le sessioni di addestramento secondo necessità. Devi con-

Foto di
Zina Purvis

tinuare ad addestrare il tuo animale, ma vuoi anche assicurarti che l'addestramento sia produttivo: non vuoi che il tuo cane impari a non ascoltarti. Sii più paziente durante questo periodo; devi mantenere forte il legame tra voi due. Anche se dovrai riaddestrarlo dopo, devi rimanere paziente. Adatta la sessione di addestramento al suo livello di concentrazione, anche se significa ripetere le stesse cose finché non le assimila qualche settimana dopo. Poiché il Cane Corso è intelligente, potrebbe essere una buona idea introdurre qualcosa di nuovo e facile per mantenerlo attivo. Ogni cane è diverso, quindi dovrai affrontare l'addestramento in un modo che il tuo cane possa gestire.

Se fai sterilizzare o castrare il tuo cane prima di raggiungere la maturità sessuale, i problemi non saranno così evidenti. Tuttavia, la sterilizzazione e la castrazione del tuo animale potrebbero non ridurre l'aggressività come previsto. In ogni caso, se farai sterilizzare o castrare il tuo cane, non dovrai affrontare le tante distrazioni di questa età; ma ricorda comunque che il tuo cane sta subendo cambiamenti che renderanno più difficile la concentrazione.

L'importanza di continuare la socializzazione

Anche se socializzi correttamente il tuo Cane Corso da cucciolo, devi continuare quella socializzazione per tutta la vita del tuo cane per assicurarti che continui a sentirsi a suo agio con il mondo che lo circonda. Fai in modo che familiari e amici vengano a trovarti regolarmente, specialmente con i loro cani, in modo che il tuo Cane Corso abbia costanti promemoria che la sua casa è un luogo accogliente. Non vuoi che il tuo cucciolo senta che il mondo esterno va bene, ma che deve essere protettivo a casa. Vuoi che eserciti quell'istinto protettivo solo quando qualcuno irrompe in casa, non con le persone invitate a casa tua come visitatori.

Socializzare un cane adulto

A volte un cane adulto sarà troppo radicato nelle sue abitudini per cambiare, in particolare se il tuo cane ha raggiunto gli anni d'oro. Tuttavia, la maggior parte dei cani adulti può essere socializzata purché tu ne faccia la tua priorità assoluta (insieme all'addestramento). Ciò che rende davvero complicata la situazione non è la natura protettiva della razza, ma il fatto che il tuo Cane Corso adulto pesa oltre 45 kg, e questo significa che devi riuscire a individuare in anticipo quei fattori che scateneranno una sua reazione. Devi fermare quel grande cane prima che inizi a correre, perché una volta partito, per lui sarà incredibilmente difficile frenare.

Socializzare un canino adulto richiede molto tempo, dedizione, addestramento delicato e un approccio deciso. Potresti essere abbastanza fortunato da ottenere un adulto già ben socializzato; tuttavia, ciò non significa che tu possa rilassarti. Il cane potrebbe aver avuto una brutta esperienza con una particolare razza di cani di cui nessuno è a conoscenza.

1. Il tuo cane dovrebbe essere abile nei seguenti comandi prima di lavorare sulla socializzazione:

   a. Seduto

   b. Giù

   c. Al piede

Potrebbe essere utile per il tuo cane conoscere anche «resta» e «a cuccia». Se il tuo cane rimane fermo in un posto in base ai tuoi comandi, allora sta dimostrando autocontrollo, qualcosa che sarà molto utile per la socializzazione perché puoi sovrascrivere quell'impulso aggressivo attivando la modalità di ascolto. Quando esci, dovrai essere molto consapevole dell'ambiente circostante (il tuo Cane Corso sarà sicuramente in allerta) ed essere in grado di comandare il tuo cane prima che un altro cane o persona si avvicini.

2. Usa un guinzaglio corto e una museruola durante le passeggiate. Se ci sono persone e animali domestici in visita, devi mettere la museruola al tuo Cane Corso. Un collare a scorrimento, comunemente noto come collare a strozzo, non è consigliabile, poiché il tuo cane impara a non comportarsi in un certo modo solo quando indossa quel collare, il che non è utile quando il tuo cane non lo indossa.

3. Cambia direzione se noti che il tuo Cane Corso non sta reagendo bene a una particolare persona o cane in avvicinamento. Evitare un possibile fattore di stress è una buona soluzione a breve termine finché non hai la sicurezza che il tuo cane è più accettante della presenza di questi altri cani o persone.

Se non puoi prendere una direzione diversa, dì al tuo cane di sedersi, poi blocca la sua visuale. Questo può rivelarsi molto impegnativo, poiché il tuo cane cercherà di guardare intorno a te. Impegnati nell'addestramento per costringere il tuo cane ad ascoltarti, distogliendo la sua mente da ciò che sta venendo verso di lui.

4. Chiedi ad amici con cani amichevoli di farti visita, poi incontratevi in uno spazio chiuso. Uno o due cani amichevoli che interagiscono con

il tuo cane possono aiutare il tuo Cane Corso a vedere che non tutti i cani sono pericolosi. Dovresti tenere la museruola sul tuo Cane Corso per le prime visite e mantenere le interazioni brevi. Far camminare i cani insieme nell'area senza molta interazione può aiutare il tuo cane a imparare che altri cani sono solitamente solo interessati a godersi l'esterno, non ad attaccare lui o te. Imparando che altri cani non sono una minaccia, il tuo cane può iniziare a capire meglio che l'apprensione costante è inutile.

5. Procurati snack speciali solo per le passeggiate. Se il tuo cane è molto aggressivo durante la passeggiata, ordinagli di sedersi e dagli uno degli snack speciali. I Cane Corso sono decisamente motivati dal cibo, quindi questo potrebbe essere un modo perfetto per distrarlo da qualunque cosa lo faccia sentire protettivo. Al primo ringhio o segno di aggressività, attiva la mentalità di addestramento e fai leva sul desiderio del tuo cane per quegli snack speciali. Questo metodo è lento ma affidabile nel tempo, perché il tuo cane sta imparando che l'apparizione di estranei e altri cani significa snack speciali, quindi un'esperienza positiva, non negativa. Tuttavia, questo metodo non addestra il cane a interagire con quei cani. Per ottenere risultati migliori, puoi abbinarlo con il quarto suggerimento.

A meno che non adotti un cane adulto già ben socializzato, è probabile che non sarai in grado di portare il tuo Cane Corso adulto nelle aree cani o in altre aree aperte. I rischi sono troppo grandi con un cane così enorme con forti istinti protettivi e territoriali. Corsi di addestramento specializzati per cani aggressivi o diffidenti potrebbero essere molto utili.

Se hai problemi con il tuo cane adulto, consulta un comportamentalista o un addestratore specializzato.

Affrontare la paura

I cani protettivi hanno una reazione interessante alla paura: invece di rannicchiarsi, tendono a diventare più aggressivi. Le esperienze negative possono giocare un ruolo importante nel far sì che un cane protettivo abbia reazioni negative senza un fattore scatenante evidente, impaurendo il cane in qualsiasi tipo di situazione simile.

Determina di cosa ha paura il tuo cane, poi inizia ad addestrarlo a sentirsi meno timoroso. Non dire al tuo cane che qualcosa va bene, perché ciò che intendi tu e ciò che capisce il tuo cane sono due cose molto diverse. Come accennato in precedenza, il tuo cane penserà che intendi dire che la sua reazione va bene, non la situazione, il che rafforza solo la paura. Quando il tuo cane mostra una reazione neutra o positiva, sii generoso con le tue lodi per incoraggiare questa reazione. Se mostra aggressività, correggilo e allontana il tuo Cane Corso dalla situazione.

Avverti sempre le persone di non avvicinarsi al tuo cane, in particolare con i loro cani, specialmente se adotti un cane adulto. Non sai se il tuo cane avrà una reazione negativa; quindi, qualsiasi interazione con gli altri deve sempre avvenire con il tuo permesso. Mentre le persone si avvicinano, puoi lodare le reazioni positive del tuo cane, il che rafforza l'idea che altre persone e cani possono essere una cosa buona. La supervisione costante può essere stancante, ma è tua responsabilità in quanto parte dell'adozione di una razza protettiva.

Se il tuo cane ha reazioni negative ai rumori forti o ad altri suoni, evita di uscire quando le persone stanno festeggiando, in particolare con i fuochi d'artificio. Puoi aiutare a desensibilizzare il tuo cane all'interno della tua casa – ad esempio, il tuo cane deve imparare che l'aspirapolvere non è una cosa negativa – ma questo non si traduce nel mondo esterno. Inoltre, cerca di evitare di camminare vicino a strade dove le auto possono fare retromarcia o pneumatici stridenti possono far sentire il tuo cane spaventato dall'ambiente circostante.

CAPITOLO 12.
Addestrare il tuo Cane Corso

«I Corsi sono facilmente addestrabili, se lo fai nel modo giusto. Abbi sempre pazienza con loro. Non arrabbiarti e non urlare durante l'addestramento, questo può rendere l'apprendimento molto più difficile. Devono fidarsi di te prima di ascoltarti. I Corsi si adattano rapidamente alle abitudini, quindi usa parole di comando semplici in modo coerente. Riempili di lodi. Sii fermo con loro e mantieni sempre il controllo! Devono sapere che sei tu il capo o il leader del branco».

Sabastian Freitas
Freitas Cane Corsos

Foto di
Kayla Armenti

Tu e il tuo Cane Corso siete destinati a una vita di addestramento, ma una volta stabilita una buona relazione di lavoro, scoprirai che i momenti dedicati all'addestramento sono incredibilmente piacevoli. Questa è una razza che ha sia energia che cervello; quindi, hai molte opzioni su come addestrare il tuo cane. Comandi come «rotola«, «dammi il cinque» e «fai il morto» potrebbero richiedere un po' più di tempo per essere appresi, ma il tuo cane sarà comunque in grado impararli e amerà esibirsi davanti a tutti. Il riporto sarà probabilmente sorprendentemente facile da imparare per il tuo Cane Corso; quindi, se ti piace giocare a frisbee o a riportare la palla, il tuo cane sarà assolutamente felice di giocare con te, sempre che tu riesca a insegnargli a non masticare il disco, la palla o qualsiasi oggetto usato per il gioco.

Vantaggi di un addestramento adeguato

«Come addestratore, preferisco iniziare l'addestramento all'obbedienza rigorosa non prima dei 5 mesi di età. Il periodo precedente dovrebbe essere impiegato per stabilire un legame e insegnare comandi semplici, senza pretendere troppo. Un cane adulto non è mai troppo vecchio per essere addestrato; tuttavia, è più probabile che resista e non apprezzi l'addestramento quanto lo farebbe da giovane. Ritengo imperativo che i nostri cuccioli siano addestrati e abbiano una struttura PRIMA dei 12 mesi di età. L'addestramento strutturato sembra mantenere il Corso in un ambiente più concentrato e di apprendimento, nel quale prospera».

Tina Frey
Cypress Arrow Kennels

Il vantaggio principale di un addestramento adeguato è che sarai in grado di tenere sotto controllo il tuo grande guardiano. Oltre a rendere più facile la socializzazione e le uscite in generale, potrebbe essere un modo per salvare la vita del tuo cane: comprendere i comandi aiuterà a impedire al tuo cane di correre in strada o di rispondere alle provocazioni di altri cani (o di agire come aggressore).

L'addestramento è un ottimo modo per creare un legame con un cane; ti offre del tempo insieme e ti aiuta a comprendere la personalità in sviluppo di un cucciolo e a scoprire quali tipi di ricompense funzioneranno meglio per altri compiti, come la socializzazione.

Il vantaggio più piacevole di una solida base di addestramento è poter insegnare al tuo cane molto di più. Le razze intelligenti amano imparare cose nuove; inoltre, questo può essere anche un modo per far fare esperienza al tuo cane con i percorsi di addestramento, come i cerchi, che sono un ottimo sfogo per la sua energia.

Scegliere la ricompensa giusta

La ricompensa giusta per un Cane Corso sarà sempre tanto amore e affetto. I bocconcini sono il modo più semplice per far capire a un cucciolo che eseguire i comandi è un comportamento positivo; presto, però, dovrai passare a qualcosa che costituisca un rinforzo secondario. Lodi, tempo di gioco aggiuntivo e coccole extra sono tutte ricompense fantastiche per i Cane Corso, poiché tengono molto a come ti senti e a come reagisci a loro. Sedersi a guardare un film e lasciare che il tuo cucciolo si sieda con te è una grande ricompensa dopo un'intensa sessione di addestramento. Non solo il tuo cucciolo ha imparato la lezione, ma ora potete entrambi rilassarvi insieme.

Riconoscimento del nome

Col tempo, è normale iniziare a chiamare il proprio cane con più di un appellativo. Soprannomi, nomi scherzosi e descrizioni basate su alcune delle loro azioni ridicole (è per questo che li amiamo) possono essere tutti usati in seguito; tuttavia, prima di poter addestrare il tuo cane, devi assicurarti che capisca il suo vero nome.

1. Prendi alcuni bocconcini e mostrane uno al tuo cane.
2. Pronuncia il nome del cane, dì immediatamente «Sì» (il tuo cane dovrebbe guardarti quando parli), poi dagli un bocconcino.
3. Aspetta 10 secondi, poi mostra al tuo cane un bocconcino e ripeti il passaggio 2.

Le sessioni non dovrebbero durare più di circa cinque minuti perché il tuo cane perderà o la concentrazione o l'interesse. Addestrare il tuo cane a riconoscere il suo nome è un'attività che puoi svolgere più volte durante il giorno. Dopo aver seguito questi passaggi per cinque-dieci sessioni, l'addestramento cambierà un po'.

1. Aspetta fino a quando il tuo cane ti sta prestando attenzione.
2. Chiama il tuo cane. Se il cane ha un guinzaglio, dagli un leggero strattone per attirare la sua attenzione.

3. Dì «Sì» e dagli un bocconcino quando ti guarda.

Durante questo periodo, non pronunciare il nome del tuo cane durante le correzioni o senza un motivo reale: all'inizio, devi far associare al cane il suo nome solo con qualcosa di molto positivo, come i bocconcini. Questo programmerà più rapidamente il tuo cane ad ascoltarti indipendentemente da ciò che sta accadendo intorno a lui.

È probabile che il tuo Cane Corso non necessiti di molto tempo prima di riconoscere il suo nome.

Comandi essenziali

Ci sono cinque comandi di base che tutti i cani dovrebbero conoscere. Questi comandi sono la base per un rapporto felice e piacevole con il tuo cane. Nel momento in cui il tuo cucciolo impara tutti e cinque i comandi, sarà più evidente la correlazione tra le parole che dici e le azioni previste, e questo farà capire al cane come comprendere nuove parole in termini di aspettative. Ciò renderà molto più facile addestrarlo su concetti più complessi.

Addestra il tuo cucciolo a eseguire i comandi nell'ordine in cui appaiono in questo capitolo. «Seduto» è un comando base e qualcosa che tutti i cani fanno già naturalmente. Poiché i cani tendono a sedersi spesso, è il più facile da insegnare. Insegnare «lascia» e «lascia cadere» è molto più difficile e di solito richiede che il cucciolo combatta un istinto o un desiderio. Quanto spesso ti capita di cedere e fare qualcosa quando sai che non dovresti? Ebbene, questo è più o meno ciò che stai affrontando, ma con un cucciolo. «Silenzio» può essere un altro comando difficile, poiché i cani (in particolare i cuccioli) tendono ad abbaiare come reazione naturale a qualcosa. Questi due comandi richiederanno più tempo per essere insegnati, quindi vuoi avere già a disposizione gli strumenti necessari per aumentare le tue possibilità di successo.

Alcune linee guida di base da seguire durante l'addestramento

- Coinvolgi tutti in casa nell'addestramento del Cane Corso. Il cucciolo deve imparare ad ascoltare tutti in famiglia, e non solo una o due persone. Il programma di addestramento potrebbe coinvolgere solo un paio di persone all'inizio, specialmente se hai bambini. Dovrebbe sempre essere presente un adulto per l'addestramento, ma includere un bambino aiuterà a rafforzare l'idea che il cucciolo deve ascoltare tutti in casa. È anche un buon modo per il genitore di monitorare l'interazione del bambino con il cucciolo, in modo che tutti giochino in modo sicuro e seguano le regole.

- Per iniziare, seleziona un'area dove tu e il tuo cucciolo non avete altre distrazioni, incluso il rumore. Lascia il telefono e altri dispositivi fuori portata in modo da mantenere l'attenzione sul cucciolo.

- Rimani felice ed entusiasta dell'addestramento. Il tuo cucciolo percepirà il tuo entusiasmo e si concentrerà meglio.

- Sii coerente e fermo mentre insegni.

- Porta un bocconcino speciale alle prime sessioni di addestramento, come pezzi di pollo o piccoli snack.

Seduto

Inizia a insegnare questo comando quando il tuo cucciolo ha circa otto settimane. Una volta sistemato nella tua tranquilla postazione di addestramento:

1. Tieni in mano un bocconcino.

2. Muovi il bocconcino sopra la testa del tuo cucciolo. Questo farà indietreggiare il cucciolo.

3. Dì «seduto» quando il posteriore del cucciolo tocca il pavimento.

Avere una seconda persona intorno per dimostrare il movimento al tuo cucciolo sarà utile, poiché la persona può sedersi per mostrare cosa intendi.

Aspetta che il tuo cucciolo inizi a sedersi e dì il comando mentre si siede. Se il tuo cucciolo finisce di sedersi, lodalo. Naturalmente, questo renderà il tuo cucciolo incredibilmente eccitato e irrequieto; quindi, potrebbe volerci un po' prima che voglia sedersi di nuovo. Quando arriva il momento e il cucciolo inizia a sedersi di nuovo, ripeti il processo.

Ci vorranno più di un paio di sessioni perché il cucciolo colleghi completamente le tue parole con le azioni. I comandi sono qualcosa di completamente nuovo per il tuo piccolo compagno. Una volta che il tuo cucciolo ha dimostrato di padroneggiare «seduto«, inizia a insegnare «A terra».

A terra

Per insegnare questo comando, ripeti lo stesso processo seguito per insegnare » seduto».

1. Dì al tuo cane di sedersi.

2. Tieni in mano il bocconcino.

3. Abbassa il bocconcino a terra con il tuo cane che lo annusa. Permetti al tuo cucciolo di leccare il bocconcino, ma se il tuo cane si alza, ricomincia.

4. Dì «a terra» quando i gomiti del cucciolo toccano il pavimento, poi lodalo mentre lasci che il tuo cucciolo mangi il bocconcino.

Aspetta che il cucciolo inizi a sdraiarsi, poi dì la parola «a terra». Se il Cane Corso completa l'azione, offri la ricompensa scelta.

Probabilmente ci vorrà un po' meno tempo per insegnare questo comando.

Aspetta che il tuo cucciolo abbia padroneggiato «a terra» prima di passare a «resta».

Resta

«Resta» è un comando vitale da insegnare perché può impedire al tuo cucciolo di attraversare di corsa una strada o di correre verso qualcuno che è nervoso o ha paura dei cani. È importante che il tuo cane abbia padroneggiato «seduto» e «a terra» prima di insegnare «resta». Imparare questo comando sarà più difficile perché stare fermo non è qualcosa che il tuo cucciolo fa naturalmente. Sii preparato a impiegare un po' più di tempo per addestrarlo su questo comando.

1. Dì al tuo cucciolo di mettersi «seduto» o «a terra».

   Mentre lo fai, metti la mano davanti al muso del cucciolo.

2. Aspetta che il cucciolo smetta di cercare di leccarti la mano prima di ricominciare.

3. Quando il cucciolo si calma, fai un passo indietro. Se il tuo cucciolo non si muove, dì «resta» e dagli un bocconcino e qualche lode per essere rimasto fermo.

Dare al tuo cucciolo la ricompensa indica che il comando è terminato, ma devi anche verbalizzare che il comando è completo. Il cucciolo deve imparare a restare fino a quando non gli dici può lasciare il suo posto. Una volta che dai l'ok per muoversi, non dare bocconcini. «Vieni» non dovrebbe essere usato come parola di sblocco, poiché è un comando che userai per indicare un'altra azione.

Ripeti questi passaggi, allontanandoti di più dal cucciolo dopo un comando riuscito.

Una volta che il tuo cucciolo capisce quando ti allontani, inizia ad adde-strarlo a restare al suo posto anche se non ti stai muovendo. Estendi la du-rata del comando «resta» in modo che il cucciolo capisca che «resta» finisce con il comando di sblocco.

Quando senti che il tuo cucciolo ha padroneggiato «resta«, inizia ad ad-destrare il cucciolo al comando «vieni».

Vieni

Questo è un comando che non puoi insegnare finché il cucciolo non ha imparato i comandi precedenti. Prima di iniziare la sessione di addestra-mento, decidi se vuoi usare «vieni» o «qui» per il comando. Sii coerente nel-le parole che usi.

Questo comando è importante per lo stesso motivo del precedente. Se sei in mezzo a persone che sono nervose intorno ai cani o incontri un ani-male selvatico o qualsiasi altra distrazione, questo comando può riportare l'attenzione del tuo cucciolo su di te.

1. Metti il guinzaglio al cucciolo.

2. Dai al cucciolo il comando «resta».

3. Allontanati dal cucciolo.

4. Dì il comando che userai per «vieni» e dai un leggero strattone al guinzaglio nella tua direzione.

Ripeti questi passaggi, aumentando la distanza tra te e il cucciolo. Una volta che il cucciolo sembra capirlo, rimuovi il guinzaglio e inizia da una di-stanza ravvicinata. Se il tuo cucciolo non sembra capire il comando, dagli al-cuni indizi visivi su ciò che vuoi; ad esempio, puoi batterti una mano sulla gamba o schioccare le dita. Non appena il tuo cucciolo viene correndo da te, offri una ricompensa.

Scendi

I Cane Corso sono enormi, quindi è importante addestrare il tuo cane a scendere o a togliersi da qualcosa. Questo non è lo stesso che insegnare al tuo cane a non saltare addosso alle persone (Capitolo 9): questo coman-do serve specificamente per far scendere il tuo cane dai mobili, dai banconi e dalle tue ginocchia (i Cane Corso non sono i cani da grembo che pensa-no di essere).

Questo è un addestramento che dovrai essere pronto a impartire al volo, perché stai ordinando al tuo cane di interrompere un'azione. Ciò signi-fica che devi reagire a quell'azione indesiderata. Avere bocconcini a portata di mano sarà essenziale quando vedi il tuo cane salire su cose su cui non vuoi che stia.

1. Aspetta che il tuo cane metta le zampe su qualcosa su cui non vuoi che stia.

2. Dì «scendi» e attiralo lontano tenendo un bocconcino appena fuori dalla sua portata.

Foto di
Siobhan Clarkson

3. Dì «sì» e dagli un bocconcino non appena leva le sue zampe dalla superficie vietata.

Ripeti questo procedimento ogni volta che vedi il comportamento. Ci vorranno probabilmente almeno una mezza dozzina di ripetizioni prima che il tuo cane capisca che non dovrebbe più eseguire l'azione. Nel tempo, passa dai bocconcini alle lodi o al gioco con un giocattolo.

Lascia

Questo è un comando di addestramento difficile, ma devi insegnare al tuo cane «lascia» per quando sei in passeggiata e vuoi che ignori altre persone o cani.

1. Lascia che il tuo cane veda che hai dei bocconcini in mano, poi chiudila. Il tuo pugno dovrebbe essere abbastanza vicino da permettere al tuo cane di annusarlo.

2. Dì «lascia» quando il tuo cane inizia ad annusare la tua mano.

3. Dì «sì» e dai al tuo cane un bocconcino quando allontana la testa dai bocconcini. Inizialmente, questo probabilmente richiederà un po' di tempo perché il tuo cane vorrà quei bocconcini. Non continuare a dire «lascia«: il tuo cane non dovrebbe imparare che darai un comando più di una volta, ma che deve fare ciò che dici la prima volta che lo dici. Dovrai convincere il tuo cane a rispondere rapidamente, ecco perché i bocconcini sono raccomandati all'inizio. Se passa un minuto o più dopo aver dato il comando, puoi ripeterlo, ma assicurati che il tuo cane sia concentrato su di te e non sia distratto.

Queste sessioni dovrebbero durare solo circa cinque minuti e ci vorrà del tempo prima che il tuo cane impari, poiché gli stai insegnando a ignorare qualcosa che lo attira naturalmente. Quando inizia a capire e a guardare altrove una volta pronunciato il comando «lascia» senza passare molto tempo ad annusare, puoi passare a versioni più avanzate dell'addestramento.

1. Lascia la mano aperta in modo che il tuo cane possa vedere i bocconcini.

2. Dì «lascia» quando il tuo cane inizia a mostrare interesse (questo sarà probabilmente quasi immediatamente, specialmente perché non avrai la mano chiusa, quindi sii preparato).

   a. Chiudi il pugno se il tuo cane continua ad annusare o si avvicina ai bocconcini nella tua mano.

   b. Dai al tuo cane un bocconcino dall'altra mano se si ferma.

Foto di
Laura Foxon and Joshua Szukalski

Ripeti questi passaggi finché il tuo cane non smette di cercare di annusare i bocconcini. Quando il tuo cane sembra aver capito, passa alla versione più difficile di questo comando.

1. Metti i bocconcini a terra, oppure lascia che il tuo cane ti veda nasconderli, e resta vicino ai bocconcini.

2. Dì «lascia» quando il tuo cane inizia a mostrare interesse annusando i bocconcini.

   a. Metti una mano sopra i bocconcini se non ascolta.

   b. Dagli un bocconcino dalla tua mano se ti ascolta.

Da qui, puoi iniziare a stare più lontano dal bocconcino, con il tuo cane al guinzaglio in modo da poterlo fermare se necessario. Poi, inizia a usare altre cose che il tuo cane ama, come un giocattolo preferito o un altro bocconcino allettante che di solito non gli dai.

Molla

Questo sarà uno dei comandi più difficili che insegnerai al tuo cucciolo, perché va contro sia ai suoi istinti che ai suoi interessi. Il tuo cucciolo vuole tenere qualunque cosa abbia, quindi dovrai offrirgli qualcosa di meglio. È essenziale insegnare il comando presto, poiché il tuo Cane Corso sarà molto distruttivo nei primi giorni. Inoltre, questo comando potrebbe salvare la vita al tuo amico a quattro zampe: è probabile che si avventi su cose che sembrano cibo quando sei in passeggiata; questo comando gli farà lasciare qualsiasi cosa potenzialmente pericolosa raccolta da terra.

Inizia con un giocattolo e un bocconcino, oppure con un bocconcino grande che il tuo cane non può mangiare in pochi secondi, come un osso di pelle. Assicurati che il bocconcino sia di una tipologia che il tuo cucciolo non riceve spesso, in modo che sia una motivazione sufficiente a lasciare il giocattolo o il bocconcino grande.

1. Dai al tuo cucciolo il giocattolo o il bocconcino grande. Puoi abbinare il bocconcino premio a un clicker per convincere il tuo cucciolo a lasciare il bocconcino grande o il gioco.

2. Mostra al tuo cucciolo il bocconcino eccitante.

3. Dì «molla». Se lascia cadere il bocconcino o il giocattolo, digli «sì» e consegna il bocconcino eccitante mentre raccogli il bocconcino o il giocattolo lasciato cadere.

4. Ripeti questo procedimento subito dopo che il tuo cucciolo finisce il bocconcino eccitante.

Dovrai continuare a rinforzare questo comando per mesi dopo che è stato appreso perché non è una reazione naturale. Dovresti anche iniziare a usare cibo che il tuo cane trova quasi irresistibile. Questo è uno di quei rari momenti in cui devi necessariamente usare un bocconcino perché il tuo cucciolo ha bisogno di qualcosa di stimolante per convincerlo a lasciare un giocattolo amato, o più importante, cibo che non dovrebbe mangiare.

Silenzio

I Cane Corso non sono considerati abbaiatori eccessivi, ma non c'è garanzia che il tuo non sarà vocale. Inizialmente, puoi usare bocconcini con parsimonia per rinforzare il silenzio se il tuo cucciolo ama fare rumore. Se il tuo cucciolo abbaia senza un motivo ovvio, digli «silenzio» e metti un bocconcino nelle vicinanze. È quasi garantito che il cane farà silenzio per annusare il bocconcino, nel qual caso, dì «bravo» o «sì». Non ci vorrà troppo tempo prima che il tuo cucciolo capisca che «silenzio» significa non abbaiare.

Addestramento come cane da guardia

«Molte persone pensano che dovranno portare il loro Corso all'addestramento per la protezione, ma non è vero. L'addestramento per la protezione non si adatta al Cane Corso perché prevede un'obbedienza robotica ai comandi. Il Cane Corso ha un istinto naturale di protezione insieme alla capacità di pensare; quindi, l'addestramento deve adottare un approccio diverso. Quando il Corso incontra una minaccia, accadono tre cose: uno, il cane aspetterà te e la tua risposta. Se il cane percepisce un'energia nervosa da parte tua, sarà in allerta e metterà il suo corpo tra te e qualsiasi minaccia in avvicinamento. Se la minaccia continua, userà la forza necessaria per fermarla, che di solito è solo «trattenere» la minaccia sul posto fino a quando non gli ordini di smettere. Il Corso non reagisce aggressivamente agli estranei o alle minacce, ma penserà tranquillamente alla situazione».

Vicky Glisson
Cape Fear Cane Corso

Questo tipo di addestramento non è qualcosa che dovresti provare a fare da solo, se non hai mai addestrato un cane da guardia. Se la tua intenzione è avere un Cane Corso che possa anche fornire protezione, ricerca diverse scuole e addestratori nella tua zona specializzati nell'addestramento di cani da guardia: saranno in grado di garantire che il tuo cane riceva un addestramento completo. In particolare, non dovresti mai iniziare l'addestramento e poi non completarlo; questo può rendere il tuo Cane Corso pericoloso. I professionisti possono aiutare a guidare il tuo cane a essere un protettore leale se mai dovesse sorgere la necessità.

Dove andare da qui

I comandi presentati in questo capitolo sono la base dell'addestramento, ma i Cane Corso sono capaci di imparare molto di più. Assicurati solo che i trucchi che insegni al tuo Cane Corso non siano troppo stressanti per un cucciolo. Man mano che il tuo cucciolo cresce, puoi iniziare a insegnare trucchi che evidenziano la sua agilità. Il riporto e altri trucchi interattivi sono attività ideali e divertenti.

CAPITOLO 13.
Alimentazione

«I nuovi proprietari dovrebbero prepararsi a quanto velocemente questi adorabili cuccioli si trasformano in bambini di 18 kg. Possono aumentare fino a 5,5 kg in una settimana!»

Christy Tripp
Tripp's Cane Corsi

Anche se non rientrano nella lista delle dieci razze più predisposte all'obesità, i Cane Corso, come abbiamo già notato, amano mangiare. L'esercizio fisico può fare molto per mantenere il tuo cane a un peso sano, ma devi anche prestare molta attenzione a ciò che mangia.

Una corretta alimentazione inizia durante i primi mesi del cucciolo. Il metabolismo veloce del tuo Cane Corso non significa che puoi essere negligente riguardo a ciò che mangia: non solo devi fare attenzione a non dargli cibi dalla lista «da non somministrare» menzionata in precedenza, ma devi evitare di dargli alimenti ad alto contenuto calorico. Man mano che il cucciolo cresce, questo può diventare un problema serio. Garantire al tuo adorabile cucciolo di Cane Corso il giusto equilibrio nutrizionale assicurerà che diventi un cane forte e sano.

Perché una dieta sana è importante

Solo perché il tuo Cane Corso è attivo, non significa che stia bruciando tutte le calorie che assume, specialmente se hai una politica di premietti sempre disponibili. Proprio come tu non dovresti mangiare tutto il giorno, nemmeno il tuo cucciolo dovrebbe farlo. Se hai un programma molto intenso, sarà fin troppo probabile che i livelli di attività in casa varino: il tuo Cane Corso non capirà i cambiamenti nel tuo programma, ma solo il fatto che di solito c'è una certa quantità di cibo che entra nella sua bocca, indipendentemente dal suo livello di attività. Questo significa che è probabile che aumenti di peso quando mantieni le stesse calorie riducendo le attività.

Devi essere consapevole di quante calorie ingerisce il tuo cane al giorno, compresi i premietti. Tieni d'occhio il peso del tuo cane così da notare quando sta mettendo su chili. In caso di un aumento di peso, dovresti regolare la quantità di cibo che il tuo Cane Corso mangia al giorno o modificare la sua alimentazione con qualcosa con più valore nutrizionale, ma meno calorie.

Parla sempre con il tuo veterinario se hai preoccupazioni sul peso del tuo Cane Corso.

Nutrizione canina

Le esigenze alimentari di un cane sono significativamente diverse da quelle umane. Le persone sono più onnivore dei cani, il che significa che richiedono una gamma più ampia di nutrienti per essere in salute. I canidi sono principalmente carnivori, per cui le proteine rappresentano un requisito alimentare significativo. Tuttavia, hanno bisogno di più delle sole proteine per essere sani.

La seguente tabella fornisce i principali requisiti nutrizionali per i cani.

Nutriente	Fonti	Cucciolo	Adulto
Proteine	Carne, uova, soia, mais, frumento, burro di arachidi	22,0% della dieta	18,0% della dieta
Grassi	Olio di pesce, olio di semi di lino, olio di colza, grasso di maiale, grasso di pollame, olio di cartamo, olio di girasole, olio di soia	8,0-15,0% della dieta	5,0-15,0% della dieta
Calcio	Latticini, organi animali, carni, legumi (tipicamente fagioli)	1,0% della dieta	0,6% della dieta
Fosforo	Carne e integratori per animali	0,8% della dieta	0,5% della dieta
Sodio	Carne, uova	0,3% della dieta	0,06% della dieta

Di seguito sono riportati i restanti nutrienti di cui i cani hanno bisogno, tutti in quantità inferiore all'1% della dieta del cucciolo o dell'adulto:

- Arginina
- Istidina
- Isoleucina
- Leucina
- Lisina
- Metionina + cistina
- Fenilalanina + tirosina
- Treonina
- Triptofano
- Valina
- Cloruro

Poiché molti alimenti umani contengono conservanti e sale, è meglio evitare di dare al tuo cane cibi umani con molto sodio.

Anche l'acqua è assolutamente essenziale per mantenere il tuo cane in salute. Dovrebbe esserci sempre acqua nella ciotola del tuo cane, quindi prendi l'abitudine di controllarla più volte al giorno in modo che il tuo amico a quattro zampe non si disidrati.

Proteine e aminoacidi

Come carnivori, le proteine sono uno dei nutrienti più importanti nella dieta di un cane sano (anche se non dovrebbero mangiare carne in modo così esclusivo come i loro stretti parenti lupi; le loro diete e necessità sono cambiate significativamente da quando sono diventati compagni degli esseri umani). Le proteine contengono gli aminoacidi necessari affinché il tuo cane produca glucosio, essenziale per dargli energia.

Una mancanza di proteine nella dieta del tuo cane lo renderà letargico. Il suo mantello potrebbe iniziare ad apparire più opaco e probabilmente perderà peso. Al contrario, se il tuo cane assume troppe proteine, il suo corpo immagazzinerà le proteine in eccesso come grasso, il che significa che aumenterà di peso.

La carne è tipicamente la migliore fonte di proteine ed è altamente raccomandata perché le esigenze alimentari di un cane sono significativamente diverse da quelle umane. Tuttavia, è anche possibile che un cane segua una dieta vegetariana, purché ti assicuri che riceva le proteine necessarie attraverso altre fonti e includa vitamina D supplementare nel suo cibo. Se prevedi di alimentare il tuo cane con una dieta vegetariana, parlane prima con il tuo veterinario. È incredibilmente difficile garantire che un carnivoro riceva proteine adeguate con una dieta vegetariana, specialmente durante la crescita;, quindi dovrai dedicare molto tempo alla ricerca e alla discussione con esperti di nutrizione per assicurarti che il tuo cane riceva le proteine necessarie per le sue esigenze.

Grassi e acidi grassi

La maggior parte dei grassi di cui il tuo cane ha bisogno proviene sempre dalla carne, sebbene gli oli di semi possano fornire molti dei grassi sani necessari, con il burro di arachidi che è una delle fonti più comuni. I grassi si scompongono in acidi grassi, di cui il tuo cane ha bisogno per le vitamine liposolubili che aiutano le funzioni cellulari regolari. Il beneficio più evidente di grassi e acidi grassi si vede probabilmente nel mantello del tuo cane, che appare molto più sano quando il tuo cane riceve i giusti nutrienti.

Un'assunzione inadeguata di grassi comporta per il tuo cane numerosi potenziali problemi di salute.

- Il suo mantello apparirà meno sano.
- La sua pelle potrebbe essere secca e pruriginosa.
- Il suo sistema immunitario potrebbe essere compromesso, rendendo più facile per il tuo cane ammalarsi.
- Potrebbe correre un rischio maggiore di malattie cardiache.

D'altro canto, se il tuo cane assume troppi grassi, la preoccupazione principale è che aumenterà di peso e diventerà obeso, condizione che porta a ulteriori problemi di salute. In caso di razze predisposte a problemi cardiaci, devi fare particolare attenzione a garantire che il tuo cane riceva la giusta quantità di grassi nella sua dieta. Si stima che il 18% dei Cane Corso abbia problemi cardiaci: sebbene questa sia una percentuale bassa, vuoi assicurarti che la dieta del tuo cane non gli causi problemi.

Carboidrati e cibi cotti

I cani vivono con gli esseri umani da millenni, quindi le loro esigenze alimentari si sono evolute come le nostre. Sono in grado di mangiare alimenti con carboidrati per integrare l'energia tipicamente fornita da proteine e grassi. Se cuoci i cereali (come orzo, mais, riso e grano) prima di darli al tuo cane, sarà più facile per lui digerire quei carboidrati complessi. Questo è qualcosa da tenere a mente quando consideri che tipo di cibo darai al tuo cane, poiché vorrai acquistare crocchette (cibo secco per cani) che utilizzino carne invece di cereali: mentre il tuo cane può digerire il cibo con cereali, non otterrà tanto valore nutrizionale quanto da un cibo che contiene vera carne.

Diverse esigenze alimentari per diverse fasi della vita

Diverse fasi della vita di un cane hanno diverse esigenze nutrizionali:

- Cuccioli
- Adulti
- Cani anziani

Cibo per cuccioli

I produttori di alimenti per cani producono un tipo di cibo completamente diverso per i cuccioli per una buona ragione: le loro esigenze nutrizionali sono molto diverse da quelle dei loro omologhi adulti. Durante i primi 12 mesi circa, i loro corpi sono in crescita e, per essere sani, hanno bisogno di più calorie e hanno diverse esigenze nutrizionali per favorire quella crescita.

Ci sono diversi tipi di cibo per cuccioli di diverse dimensioni. Le razze di cani più grandi crescono molto prima di raggiungere l'età adulta e sono inclini a diversi tipi di disturbi ortopedici, come la displasia dell'anca: parte di questo è dovuto proprio a quanto i loro corpi cambiano durante i primi due anni. Una crescita rapida da cucciolo può esacerbare i disturbi ortopedici. Il cibo per cani di razze grandi ha meno grassi, calcio e fosforo, con particolare attenzione all'equilibrio tra fosforo e calcio per mantenere costante il tasso di crescita del cucciolo.

Cibo per cani adulti

La differenza principale tra il cibo per cuccioli e il cibo per cani adulti è che il cibo per cuccioli è più ricco di calorie e nutrienti che favoriscono la crescita. I produttori di cibo per cani riducono questi nutrienti negli alimenti per cani adulti poiché non hanno più bisogno di sostenere la crescita. Come regola generale, quando un cane raggiunge circa il 90% della sua dimensione adulta prevista, dovresti passare al cibo per cani adulti.

La taglia del tuo cane è fondamentale per determinare quanto nutrirlo. La seguente tabella è una raccomandazione generale su quanto nutrire il tuo Cane Corso adulto al giorno. Inizialmente, potresti voler concentrarti sulle calorie mentre cerchi di trovare il giusto equilibrio per il tuo cane.

Taglia del cane	Calorie
32 a 45 kg.	1.680 durante i mesi caldi 2.500 durante i mesi freddi
oltre 45 kg	2.400 durante i mesi caldi 3.600 durante i mesi freddi

Questa scala è per l'intervallo di peso ideale di un cane. Se il tuo cane è sovrappeso o obeso, rivolgiti al tuo veterinario.

Tieni anche presente che queste raccomandazioni sono giornaliere e non per pasto. Sarà molto più facile fornire al tuo cane un singolo pasto delle giuste quantità che nutrirlo con più pasti. D'altra parte, al tuo cane probabilmente non piacerà molto vederti mangiare più pasti diversi rispetto al suo unico pasto. Se vuoi nutrire il tuo cane quando mangi tu, assicurati di misurare attentamente quanto cibo gli dai a ogni pasto in modo da non superare la raccomandazione giornaliera.

Se prevedi di aggiungere cibo umido, presta attenzione all'apporto calorico totale e regola quanto nutri il tuo cane tra le crocchette e il cibo umido. In altre parole, le calorie totali nelle crocchette e nel cibo umido dovrebbero bilanciarsi in modo da non superare le esigenze del cane.

Lo stesso vale se dai al tuo cane molti premietti nel corso della giornata: per calcolare l'apporto calorico dei pasti del tuo cane, dovresti considerare anche le calorie dei premietti.

Se prevedi di nutrire il tuo cane con cibo fatto in casa, dovrai imparare di più sulla nutrizione e prestare più attenzione alle calorie che alla misurazione delle quantità.

Cibo per cani anziani

Come le persone anziane, i cani anziani non sono più attivi come lo erano nei loro giorni della gioventù. I cani più grandi sono considerati anziani intorno ai 7,5-8 anni; quindi, dovresti passare al cibo per cani anziani entro l'ottavo compleanno del tuo amico peloso. Questa è solo una linea guida approssimativa: se noti che il tuo cane rallenta o vedi che non è in grado di fare passeggiate più lunghe a causa di dolori articolari o mancanza di resistenza, è un segno che il tuo amico a quattro zampe sta entrando nei suoi anni d'oro. Consulta il tuo veterinario quando pensi che sia il momento di cambiare il tipo di cibo che dai al tuo cane.

La differenza principale tra il cibo per cani adulti e anziani è quest'ultimo ha meno grassi e più antiossidanti per aiutare a combattere l'aumento di peso. I cani anziani hanno anche bisogno di più proteine, il che probabilmente renderà felice il tuo cane perché di solito significa più carne e sapori di carne. Le proteine aiutano a mantenere in forze i muscoli invecchiati del tuo cane. Ricorda anche che il tuo Cane Corso dovrebbe assumere meno fosforo durante i suoi anni d'oro.

Il cibo per cani anziani ha la giusta quantità di calorie per l'attività ridotta, motivo per cui non dovresti aver bisogno di regolare quanto cibo dai al tuo cane, a meno che non noti che sta mettendo su peso. Consulta il tuo veterinario prima di regolare la quantità di cibo o se noti che il tuo cane sta mettendo su peso; questo potrebbe essere un segno di un disturbo dovuto all'età.

Le opzioni alimentari per il tuo cane

Hai tre scelte principali per nutrire il tuo cane; puoi anche usare una combinazione delle tre, a seconda della tua situazione e delle specifiche esigenze del tuo amico a quattro zampe:

- Alimenti commerciali
- Dieta cruda
- Dieta fatta in casa

Cibo commerciale

Assicurati di acquistare il miglior cibo per cani che puoi permetterti. Prenditi il tempo per ricercare ciascuna delle tue opzioni, in particolare il valore nutrizionale del cibo, e rendi questo un compito annuale. Vuoi assicurarti che il cibo che stai dando al tuo cane sia di qualità. Tieni sempre conto della taglia, dei livelli di energia e dell'età del tuo cane. Il tuo cucciolo potrebbe non aver bisogno di cibo per cuccioli tanto a lungo quanto altre razze e il cibo per cani anziani potrebbe non essere la migliore opzione per il tuo Cane Corso anziano.

Presso il tuo veterinario o su internet puoi trovare diverse risorse per informarti su quali cibi commerciali per cani sono più indicati per i Cane Corso. Poiché nuovi alimenti arrivano frequentemente sul mercato, controlla occasionalmente se ci sono cibi più nuovi e migliori disponibili. Poiché devi fare attenzione al peso del tuo Cane Corso, vale la pena verificare che gli stai dando il miglior cibo possibile.

Se non sei sicuro su quale marca di cibo sia la migliore, parla con l'allevatore riguardo ai cibi che raccomanda. Puoi chiedere al tuo veterinario, anche se è probabile che la maggior parte non abbia lavorato con molti Cane Corso e non si sia ancora formata un'opinione. Gli allevatori sono davvero le migliori guide per te qui, poiché sono esperti della razza.

Alcuni cani possono essere schizzinosi e possono certamente stancarsi di mangiare ripetutamente lo stesso cibo. Proprio come cambi i tuoi pasti, puoi cambiare ciò che mangia il tuo Cane Corso. Anche se non dovresti cambiare frequentemente la marca di cibo, puoi ottenere alimenti con sapori diversi. Puoi anche cambiare il gusto aggiungendo un po' di cibo umido (in scatola). Questo è un cambiamento facile da fare: basta dare al tuo cane un cibo in scatola diverso (di solito solo circa ¼ o 1/3 della lattina per pasto, a seconda della taglia del tuo cane) con ogni pasto.

Per maggiori dettagli sulle opzioni commerciali, puoi informarti presso il negozio di animali più vicino: di solito, i negozi per animali forniscono consigli sulle diverse marche, oltre a fornire informazioni su richiami e problemi di contaminazione.

Cibo secco commerciale

Il cibo secco per cani spesso viene venduto in sacchi ed è ciò che la stragrande maggioranza delle persone dà ai propri cani. Sebbene i grandi sacchi di cibo possano essere costosi, possono durare fino a un mese, a seconda della taglia del tuo cane e della dimensione del sacco che acquisti.

Vantaggi del cibo secco per cani:

- Comodità
- Varietà
- Disponibilità
- Convenienza
- I produttori seguono le raccomandazioni nutrizionali (non tutti, quindi fai ricerche sulla marca prima di acquistare)
- Appositamente formulato per diverse fasi della vita canina
- Può essere usato per l'addestramento

- Facile da conservare

Svantaggi del cibo secco per cani:

- Richiede ricerche per assicurarsi di non comprare cibo spazzatura per cani
- Le informazioni sul packaging non sono sempre oneste
- Possibilità di richiami per contaminazione alimentare
- Il cibo di bassa qualità può avere ingredienti discutibili

La comodità e l'impatto sul tuo budget comportano che quasi certamente comprerai crocchette per il tuo cane. Questo va perfettamente bene; la maggior parte dei cani sarà più che felice di mangiare crocchette. Sappi solo quale marca stai dando al tuo cane e presta attenzione ai richiami per assicurarti di smettere di dare al tuo cane quel particolare cibo se necessario.

Cibo umido commerciale

La maggior parte dei cani preferisce il cibo umido alle crocchette, ma questo è anche più costoso. Il cibo umido può anche essere venduto in confezioni più grandi che possono essere molto facili da conservare.

Vantaggi del cibo umido per cani:
- Aiuta a mantenere i cani idratati
- Ha un profumo e un sapore più ricco
- Più facile da mangiare per cani con problemi dentali (in particolare quelli a cui mancano denti) o se un cane è stato malato
- Comodo e facile da servire
- Non aperto, può durare tra 1 e 3 anni
- Bilanciato in base alle attuali raccomandazioni nutrizionali per animali domestici

Svantaggi del cibo umido per cani:
- Le ciotole dei cani devono essere lavate dopo ogni pasto
- Può rendere meno consistenti i movimenti intestinali
- Può causare più disordine delle crocchette
- Una volta aperto, ha una durata di conservazione molto breve e dovrebbe essere coperto e refrigerato
- Più costoso del cibo secco per cani e venduto in formati più piccoli
- Le informazioni sul packaging non sono sempre oneste
- Possibilità di richiami per contaminazione alimentare

● Regolamenti poco rigidi

Come il cibo secco per cani, il cibo umido per cani è conveniente e i cani schizzinosi sono molto più propensi a mangiarlo rispetto alle crocchette. Quando il tuo cane si ammala, è meglio usare cibo umido per assicurarsi che mangi in modo da ottenere la nutrizione necessaria di cui ha bisogno ogni giorno. Potrebbe essere un po' più difficile tornare alle crocchette una volta che è sano, ma puoi sempre continuare ad aggiungere un po' di cibo umido per rendere ogni pasto più appetitoso.

Dieta cruda

Per cani che hanno stomaci sensibili come il Cane Corso, le diete crude sono fortemente raccomandate. Le diete crude sono ricche di carni crude, ossa, verdure e specifici integratori. Oltre a essere più facile da digerire per il tuo Cane Corso, alcuni dei benefici di una dieta cruda includono:

● Miglioramento del mantello e della pelle del tuo cane

● Rafforzamento del sistema immunitario

● Miglioramento della salute generale (come risultato di una migliore digestione)

● Aumento dell'energia

● Incremento della massa muscolare

Le diete crude sono destinate a dare al tuo cane il tipo di cibo che mangiava prima di essere addomesticato. Questo significa dare al tuo cane carni non cotte, ossa intere (non cotte) e un po' di latticini, eliminando ogni tipo di cibo trasformato, anche quello cotto nella tua cucina.

Questa dieta presenta alcuni rischi potenziali. I cani sono stati addomesticati per millenni e il loro sistema digestivo si è evoluto di conseguenza; cercare di riportarli al tipo di dieta che erano soliti mangiare non sempre funziona come previsto perché potrebbero non essere più in grado di digerirla completamente. Nutrire i cani con pasti non cotti pone un rischio anche se il cibo è stato contaminato: i batteri rappresentano un serio rischio e possono essere trasferiti a te se il tuo cane si ammala. Molti professionisti medici mettono in guardia anche sui pericoli di dare ossa ai cani: infatti, possono scheggiarsi nella bocca del tuo cane, perforando l'esofago o lo stomaco.

Su internet puoi trovare molte informazioni sulla dieta cruda, incluso come far passare il tuo cane a questa dieta e diverse ricette per il tuo amico a quattro zampe.

Dieta preparata in casa

Se prepari regolarmente i tuoi pasti (da zero, non con un microonde o un pasto in scatola), non ti ci vorrà molto più tempo per fornire un pasto altrettanto sano al tuo compagno.

Tenendo a mente i cibi che il tuo Cane Corso assolutamente non dovrebbe mangiare, puoi mescolare parte del cibo che prepari per te stesso nel pasto del tuo Cane Corso. Assicurati solo di aggiungere un po' più di ciò di cui il tuo Cane Corso ha bisogno nella ciotola del cucciolo. Sebbene tu e il tuo Cane Corso abbiate esigenze alimentari decisamente diverse, puoi adattare i tuoi cibi per includere i nutrienti di cui il tuo cane ha bisogno. Leggi il Capitolo 4 per assicurarti di non dare mai al tuo Cane Corso alimenti che potrebbero essere dannosi o mortali per lui.

Non nutrire il tuo Cane Corso dal tuo piatto. Dividi il cibo e metti il pasto del tuo cane in una ciotola in modo che il tuo canino capisca che il tuo cibo è solo per te. I migliori pasti fatti in casa dovrebbero essere pianificati in anticipo, in modo che il tuo Cane Corso riceva il giusto equilibrio nutrizionale.

Tipicamente, il 50% del cibo del tuo cane dovrebbe essere composto da proteine animali (pesce, pollame e frattaglie); circa il 25% dovrebbe essere costituito da carboidrati complessi, mentre il restante 25% dovrebbe provenire da frutta e verdura, in particolare alimenti come zucca, mele, banane e fagiolini. Questi ingredienti forniscono un sapore aggiuntivo che il tuo Cane Corso probabilmente amerà, facendolo sentire sazio più velocemente e riducendo la possibilità che mangi troppo.

Su internet puoi trovare diversi siti che propongono ricette di pasti crudi canini, ma puoi anche rivolgerti al tuo veterinario.

Gestione del peso

«La cosa più importante che suggerisco è evitare di far prendere loro peso troppo rapidamente mentre stanno crescendo. Per questo, tienili su un cibo per cuccioli per il primo anno. Non è raro che i Corsi non mangino molto. Per questo motivo, preferisco una dieta ad alto contenuto proteico e di grassi e determino quanto nutrirli dopo aver calcolato il loro fabbisogno di kcal. Il tuo veterinario può aiutarti a calcolarlo per il tuo Cane Corso.»

Christy Tripp
Tripp's Cane Corsi

I cani da lavoro si aspettano un programma: ciò riguarda anche il cibo, non importa in quale modo venga sconvolta la routine quotidiana. Per quanto riguarda il tuo Cane Corso, la giornata si basa sui pasti e sulle sessioni di addestramento, con i pasti che sono più importanti, anche se meno divertenti. Il tuo cane ti ricorderà che stai dimenticando qualcosa di importante se lo nutri più tardi del solito. Se premietti e spuntini sono un'abitudine che stabilisci fin dall'inizio, il tuo cane crederà che i premietti siano parte della routine e se li aspetterà.

Stabilire un sano equilibrio tra dieta ed esercizio fisico non dovrebbe essere troppo difficile con un Cane Corso, purché tu presti attenzione a quanto cibo dai al tuo cane rispetto a quanto esercizio fisico fa. Abituati a usare l'esercizio fisico e il gioco come sistema di ricompensa.

Molti veterinari ti permettono di pesare il tuo animale domestico gratuitamente. Fermarsi ogni pochi mesi per controllare il peso del tuo cane dovrebbe essere sufficiente. Se vedi che il tuo cane sta aumentando di peso, scopri cosa raccomanda il tuo veterinario: di solito, ti dirà di ridurre le quantità dei pasti regolari. Mentre dovresti senz'altro seguire questo consiglio, è probabile che le calorie extra da premietti e avanzi da tavola siano il vero motivo per cui il tuo cane sta aumentando di peso. Prenditi il tempo per capire cosa sta mangiando il tuo Cane Corso al fine di mantenere il suo peso costantemente sano.

Allergie alimentari e intolleranze

Ogni volta che inizi a dare al tuo cane un nuovo tipo di cibo per cani (anche se è la stessa marca a cui il tuo cane è abituato, ma un sapore diverso), devi monitorarlo mentre si abitua. Le allergie alimentari non sono comuni, ma ciò non significa che il tuo Cane Corso non avrà una reazione allergica a nuovi cibi.

Le allergie alimentari nei cani tendono a manifestarsi come hot spot, simili alle eruzioni cutanee negli esseri umani. Il tuo cane potrebbe iniziare a grattarsi o a masticare punti specifici sul suo corpo e il suo pelo potrebbe iniziare a cadere intorno a quei punti.

Alcuni cani non hanno un singolo hot spot, ma l'allergia si manifesta su tutto il mantello. Se il tuo Cane Corso sembra perdere più pelo del normale, porta il tuo cane dal veterinario per farlo controllare per allergie alimentari.

I Cane Corso hanno anche stomaci abbastanza sensibili per una razza dall'aspetto così robusto. Attenersi a una dieta senza cereali può aiutare a garantire che il tuo Cane Corso riceva la giusta nutrizione senza soffrire di intolleranze alimentari. Se dai al tuo cane qualcosa che il suo stomaco non può gestire, sarà probabilmente ovvio quando il tuo cane non riuscirà a trattenere l'intestino. Se è già educato a fare i bisogni fuori casa, probabilmente inizierà ad ansimare verso di te o a guaire per farti sapere che ha bisogno di uscire. Non ignorare nessuna di queste suppliche: fallo uscire il più velocemente possibile in modo che non abbia un incidente. A seconda del cane, la flatulenza potrebbe essere un'indicazione di un'intolleranza alimentare.

Poiché nei cani i sintomi di allergie alimentari e intolleranze possono essere simili alla reazione a carenze nutrizionali (in particolare una mancanza di grassi nella dieta), dovresti visitare il tuo veterinario se noti problemi con il mantello o la pelle del tuo Cane Corso.

CAPITOLO 14.
Un partner attivo e avventuroso per l'esercizio fisico

«Spesso si pensa che, essendo cani di taglia grande, i Cane Corso siano 'pigri pantofolai' o 'non molto intelligenti'. In realtà sono cani estremamente intelligenti e molto atletici.»

Sabastian Freitas
Freitas Cane Corsos

Cane Corso sono cani energici e possono essere lavoratori molto efficaci, in particolare come guardiani. Il tuo cane adulto dovrebbe fare almeno un'ora di esercizio al giorno, con un'ora e mezza come norma per la maggior parte dei Cane Corso. Alcuni esperti consigliano di portare il cane a camminare o fare jogging per almeno un chilometro la mattina e un altro la sera, anche se la tua velocità determinerà se questo è adeguato, così come l'età del tuo cane. I cuccioli (Capitolo 9) e i cani anziani (Capitolo 18) non avranno la resistenza per passeggiate così lunghe.

Data la sua intelligenza e il rischio che si annoi, è importante mantenere il tuo Cane Corso felicemente occupato o stanco. Questo è molto più facile se fai esercizio con lui diverse volte al giorno in sessioni di mezz'ora. Nei giorni in cui il tempo rende difficile uscire, puoi ripiegare sull'addestramento per consumare parte di quell'energia.

Esercizio, ovvero l'essenziale necessità di rimanere attivo

Accogliere un Cane Corso nella tua casa significa impegnarsi a fare esercizio quotidiano anche quando è ancora un cucciolo. I cani non vogliono comportarsi male, ma se si annoiano, i guai sono inevitabili.

Sebbene oggi la maggior parte dei Cane Corso non sia usata come cane da lavoro, questo non significa che non puoi mettere il tuo amico all'opera: quando esci per una passeggiata, mettigli un'imbracatura che possa trasportare cose come bottiglie d'acqua e un frisbee o due. Non solo il peso extra gli farà consumare un po' di energia in più, ma il tuo cane adorerà il fatto che gli stai dando ancora più attenzioni. Puoi anche iniziare ad addestrare il tuo Cane Corso su un percorso a ostacoli per fargli usare sia la mente che il corpo.

Poiché i problemi di peso sono direttamente legati alla mancanza di esercizio, se il tuo cane sta aumentando di peso, potrebbe essere un segnale che non si muove abbastanza. Fortunatamente, è facile correggere questa situazione; hai molte opzioni per assicurarti che il tuo cane faccia abbastanza attività fisica. Con la loro particolare struttura facciale (i molossoidi sono brachicefali, ovvero hanno il muso corto, motivo per cui russano e sbuffano così tanto), i Cane Corso non sono una razza che si trova a suo agio in acqua; tuttavia, ci sono molte altre attività fantastiche che puoi fare con il tuo cane – adorerà giocare e correre.

Vai piano! L'esercizio e il sistema scheletrico del tuo Cane Corso in crescita

«I primi 6-7 mesi di vita del cucciolo determineranno la salute delle sue anche. Molte persone pensano di dover portare il cucciolo a passeggio ogni giorno, ma questa è una delle cose peggiori che un nuovo proprietario possa fare. Nei primi sette mesi, i cuccioli hanno bisogno di 'esercizio' solo sotto forma di gioco sull'erba. Portare il cucciolo a fare lunghe passeggiate nel quartiere per 'bruciare' energia non farà altro che deformare le anche e le articolazioni in rapida crescita. Brevi passeggiate al guinzaglio sono necessarie per l'addestramento, ma evita le camminate lunghe e faticose. Le lunghe passeggiate, insieme ai pavimenti scivolosi in casa e le scale, sono i nemici numero uno di un cucciolo.»

Vicky Glisson
Cape Fear Cane Corso

Come accennato nel Capitolo 9, devi fare attenzione quando fai fare esercizio a un cucciolo di Cane Corso in crescita. Attività come il jogging e lunghe sessioni di esercizio non solo sono fisicamente eccessive per un cucciolo, ma possono danneggiare il suo scheletro. Aspetta che il tuo cane abbia almeno 18 mesi prima di iniziare a correre con lui.

Anche esercizi come il salto dovrebbero essere ridotti al minimo. Limita l'attività all'addestramento e movimenti a basso impatto sul sistema scheletrico in crescita del tuo cane. Questo può essere facile da dimenticare quando il tuo cucciolo si eccita e inizia a scorrazzare: a quel punto, cerca di calmarlo e passa ad attività a basso impatto scheletrico. L'addestramento è una delle tue migliori opzioni per aiutarlo a consumare energia in modo sicuro.

Un'ampia gamma di attività

I Cane Corso sono popolari perché è possibile svolgere tantissime attività con loro: dal jogging ai percorsi a ostacoli agli sport, una volta che il tuo cane sarà completamente maturo potrete uscire e bruciare quell'energia, divertendovi un mondo insieme.

Un fantastico compagno di jogging

Prima di tentare di fare jogging con il tuo Cane Corso, devi avere un eccellente controllo vocale su di esso. Tieni presente che non sarai in grado di fare lunghe corse perché appartiene a una razza brachicefala. In una giornata fresca, il tuo Cane Corso può correre tra i tre e i cinque chilometri; in una giornata calda o molto calda corri la mattina presto o la sera tardi, quando l'aria è più fresca, per evitare che il tuo cane si surriscaldi.

Un efficace compagno di caccia

Se tu o qualcuno della tua famiglia ama cacciare, sappi che i cani di questa razza sono stati abili compagni di caccia per secoli. Il tuo Cane Corso adorerà il tempo trascorso all'aperto con te, così come l'opportunità di inseguire animali, un istinto che deve reprimere quando si trova di fronte ad animali più piccoli intorno a casa tua.

Ci sono alcune precauzioni che devi prendere prima che il tuo Cane Corso possa cacciare con te.

- Il tuo cane deve assolutamente obbedire senza esitazione quando dai un comando. Deve sempre rispondere ai seguenti comandi:
  - Resta
  - Vieni
  - Al piede
  - Porta
  - Lascia

○ Quando sente il suo nome senza guinzaglio

Puoi usare giocattoli e altri oggetti a casa per addestrare il tuo cane a lasciare gli animali se prevedi di cacciare creature più piccole o volatili.

- Esercitati in campi aperti dopo esserti assicurato che il tuo cane risponderà sempre senza guinzaglio. L'addestramento quotidiano all'obbedienza aiuterà a stabilire le aspettative molto prima di andare effettivamente a caccia.

- Fai esercizio su terreni accidentati in modo che il tuo Cane Corso si abitui, sia facendo jogging su sentieri sterrati che con escursioni.

- Lascia che il tuo cane prenda familiarità con la tua attrezzatura da caccia, compreso il fucile, il tuo mezzo di trasporto e qualsiasi altra cosa che porterai con te a caccia. Probabilmente, dovrai farlo diverse volte nei mesi precedenti la prima battuta di caccia.

- Inizia a far conoscere al tuo cane odori, immagini e suoni che saranno utili durante la caccia. Molti degli odori sono disponibili in commercio. Vai a caccia senza il tuo Cane Corso e porta a casa parte della preda per fornire al cane un'immagine e un odore migliori.

Rally

I rally per cani sono ottimi per i Cani Corso ancora abbastanza giovani. Completare questi eventi richiede solo abilità di base, rendendoli ideali per conduttori e cani alle prime armi. Questa è davvero un'attività di squadra, perché tu e il tuo cane dovete lavorare insieme per completare gli esercizi che compongono lo sport in base a cartelli prestabiliti. Se il tuo Cane Corso non è particolarmente affezionato ad altre persone e cani, questa è la migliore attività sportiva che potresti desiderare; alla fine il tuo cane sarà stanco e felice.

I rally richiedono tra le tre e le quattro ore ogni settimana. Di solito c'è una lezione a settimana, ma dovrai allenarti con il tuo cane più volte al di fuori della lezione. Parlare con il tuo cane è consentito al livello iniziale, rendendolo un ottimo punto di partenza per far familiarizzare il tuo cane con gli sport. Se desideri maggiori informazioni sui rally, incluso cosa serve per essere idoneo e come trovare eventi vicino a te, visita la pagina dell'ENCI o della FCI per i dettagli.

Sport cinofili

Ci sono una serie di diversi sport cinofili a cui puoi iscrivere il tuo Cane Corso se è adeguatamente socializzato.

- Il coursing prevede che i cani inseguano un'esca lungo un percorso prestabilito. L'esca è solitamente un sacchetto di plastica che ricorda un piccolo animale in fuga, dando al tuo Cane Corso la possibilità di inseguire qualcosa in un ambiente controllato. Non è richiesto alcun addestramento; tutto quello che devi fare è trovare eventi vicino a te.

- Gli sport di difesa sono competitivi. Nonostante il nome, questo sport richiede molto più di un semplice istinto protettivo: il tuo cane deve essere altamente obbediente, agile e talvolta deve essere in grado di seguire un odore. I cani aggressivi o spaventati non sono buoni candidati per questo sport. Se il tuo cane non è ben socializzato, questo non è uno sport per lui.

Preparati a dedicare da 10 a 15 ore a settimana all'allenamento per questo sport. L'allenamento con la classe di solito si svolge due volte a settimana, mentre il resto del tempo dovrebbe essere suddiviso in sessioni di allenamento a casa.

- Il lavoro olfattivo può essere un ottimo modo per aiutare il tuo cane a imparare a seguire gli odori (e un fantastico allenamento per la caccia). In sostanza, il tuo cane trova un odore, poi lo segue. Questo ha un impatto fisico ridotto, rendendolo un'ottima attività per i cani più giovani e mettendo il tuo cane al lavoro senza che tu debba essere troppo coinvolto.

Le lezioni si tengono solitamente una volta a settimana, poi puoi dedicare tutto il tempo che vuoi ad addestrare il tuo cane a casa. Si consigliano una o due ore di allenamento a settimana.

- Il flyball è una staffetta che include sia salto che recupero. Se il tuo Cane Corso ama i giocattoli, questo è un modo fantastico per liberarsi di parte di quell'energia quando è adulto. Poiché dovrà interagire con altri cani, il tuo Cane Corso deve essere ben socializzato e non avere tendenze aggressive verso estranei e altri cani.

Questo è solitamente un impegno di due o tre ore a settimana, con lezioni tenute una volta a settimana. Allena anche il tuo cane a casa il più possibile.

Agility

Costituito principalmente da percorsi a ostacoli, l'Agility è un ottimo modo per mantenere il tuo cane adulto in movimento e felice. Questa attività ti dà la possibilità di guidare il tuo cane attraverso il percorso, contribuendo non solo a rafforzare il vostro legame, ma anche a dare al tuo cane la possibilità di sentirsi più a suo agio quando è fuori casa. Poiché questa è

Foto di
Keely Drage

una razza diffidente verso gli estranei, il tuo Cane Corso imparerà a sentirsi più sicuro e meno timoroso mentre corre sul percorso. Poiché sei tu quello al comando e il tuo cane sarà probabilmente confuso durante le prime lezioni, preparati a sembrare un po' sciocco all'inizio. L'obiettivo è divertirvi e mantenere il tuo cane impegnato, quindi ottenere e mantenere la sua attenzione è la chiave per avere successo.

Si consigliano due o tre ore di tempo dedicato, con una di queste ore destinate a una lezione settimanale. Più ti alleni a casa, meglio farà il tuo cane in questo sport.

Dock Diving

I Cane Corso potrebbero non essere adatti per lunghe sessioni di nuoto, ma il Dock Diving può essere un vero divertimento per lui e per te. Consiste nel far saltare il tuo cane da un molo sicuro nell'acqua dopo avergli mostra-

Foto di
Rob Bax

to come farlo. Dopo che ha imparato come praticare lo sport, è meglio usare un giocattolo amato per far entrare il tuo cane in acqua per evitare il rischio che ti salti addosso. Naturalmente, ti bagnerai parecchio durante queste attività, ma questo può essere gran parte del divertimento.

Questa è un'attività stagionale che varia in base alla località. Di solito ci sono una o due lezioni al mese, ma puoi informarti sulla frequenza effettiva quando inizi a portare il tuo cane alle lezioni. Diverse organizzazioni offrono lezioni e corsi di questa attività, come Dock Dogs, piscine cinofile e associazioni su tutto il territorio.

I momenti di gioco non finiscono mai!

Solo perché c'è maltempo, non significa che i livelli di energia del tuo cane saranno più bassi, motivo per cui dovrai mantenere costante il programma di esercizio del tuo cane anche dentro casa. Naturalmente, se puoi far giocare il tuo cane nella neve in giardino, sarà fantastico perché potrà stancarsi da solo nell'eccitazione di giocare nella neve. Per la pioggia e il caldo, dovrai trovare le attività giuste per stancare il tuo cane senza stare all'aperto per lunghi periodi. Ecco alcune alternative per aiutare a consumare l'energia del tuo Cane Corso; tieni presente che avrai comunque bisogno di uno spazio considerevole.

1. Lascia che il tuo Cane Corso insegua un puntatore laser invece di te, dato che lo spazio dentro casa è limitato.

2. Il tira e molla è un altro ottimo gioco che può aiutare anche con altri addestramenti, anche se devi fare molta attenzione con questa attività. I bambini non dovrebbero giocare a tira e molla con un Cane Corso; inoltre, il tuo cane deve essere ben addestrato, in particolare a non mordere (in altre parole, questo non è un gioco per cuccioli che non hanno imparato a non mordere).

3. Nascondino è un gioco a cui puoi giocare una volta che il tuo cane conosce il comportamento corretto in casa, che tu gli faccia trovare te o un giocattolo preferito che hai nascosto.

4. I puzzle sono un ottimo modo per far muovere il tuo cane senza che tu debba fare molto. Molti dei giochi contengono premi e, conoscendo i Cane Corso, non passerà molto tempo prima che il tuo cane capisca come estrarre il cibo dal giocattolo, quindi assicurati di alternare vari puzzle durante il gioco. Usa questo tipo di giocattoli con parsimonia per evitare di far accumulare calorie extra al tuo amico peloso.

5. I Cane Corso possono imparare a ballare, aumentando la loro agilità per altri tipi di attività. Dai percorsi a ostacoli alla danza, puoi andare online e cercare trucchi unici per cani per vedere tutte le possibilità. Le sessioni di allenamento possono essere molto divertenti e stimoleranno il tuo cane sia mentalmente che fisicamente. Un balletto sarà anche un ottimo modo per intrattenere gli ospiti, poiché il tuo cane probabilmente vorrà giocare con tutti quelli che entrano dalla porta.

CAPITOLO 15.
Toelettatura, un legame produttivo

Sebbene il Cane Corso abbia il pelo corto, ne perde comunque molto e richiede quindi una toelettatura regolare. Iniziare quando è cucciolo renderà questo compito molto più facile in futuro. Fortunatamente, i Cane Corso non sono soggetti a problemi con il mantello e, finché spazzoli regolarmente i denti del tuo cane e controlli occhi e orecchie per assicurarti che siano sani, i Cane Corso sono incredibilmente facili da toelettare (a patto che tu li abitui a non dimenarsi, altrimenti le spazzolate settimanali richiederanno molto più tempo).

Strumenti per la toelettatura

Non hai bisogno di molti strumenti per toelettare correttamente il tuo Cane Corso, ma assicurati di avere a disposizione quanto segue prima dell'arrivo del tuo cucciolo o cane adulto:

- Spazzola a setole o a spilli per il mantello
- Spazzola per il sottopelo (questa è opzionale, ma può aiutare a ridurre la perdita di pelo)
- Shampoo (consulta le recensioni specializzate per le ultime raccomandazioni) – usa shampoo delicati
- Tronchesine per unghie
- Spazzolino e dentifricio (consulta l'ENCI per le ultime raccomandazioni)

Gestione del mantello

Sebbene sia fortemente consigliata la spazzolatura quotidiana per ridurre la perdita di pelo, se inizi a toelettare il tuo cane quando è cucciolo, non sarà un compito così gravoso quando sarà adulto. Questo è fantastico, considerando quanto tempo dovrai dedicare ad altre attività, in particolare all'esercizio fisico e all'addestramento.

Cuccioli

Quando sono ancora cuccioli, il mantello dei Cane Corso è abbastanza facile da gestire. La spazzolatura quotidiana non solo può ridurre la quantità di pelo che il tuo cucciolo perde, ma ti aiuta anche a costruire un legame con lui. Sì, sarà un po' impegnativo all'inizio perché i cuccioli non stanno fermi per lunghi periodi; ci saranno molti movimenti e tentativi di gioco. Cercare di spiegare al tuo cucciolo che la spazzola non è un giocattolo chiaramente non funzionerà, quindi preparati a essere paziente durante ogni sessione di spazzolatura. D'altra parte, il tuo cucciolo sarà così adorabile che probabilmente non ti dispiacerà se ci vorrà un po' più di tempo, e questo sarà uno dei pochi momenti in cui lasciare che il cucciolo si sieda sulle tue gambe non te le farà addormentare (probabilmente ci proverà anche da adulto, quindi goditi questo momento finché dura). Assicurati solo di far capire al tuo cucciolo che questo è un momento serio e che il gioco viene dopo; altrimenti, il tuo Cane Corso cercherà sempre di giocare, il che renderà la spazzolatura molto più dispendiosa in termini di tempo – potenzialmente al limite dell'impossibile, considerando quanto sarà grande a 24 mesi. Pianifica di spazzolare il tuo cucciolo dopo una sessione di esercizio vigoroso in modo che il tuo Cane Corso abbia molta meno energia per combattere o giocare.

Età adulta

La spazzolatura settimanale è raccomandata, vista la quantità di pelo che i Cane Corso perdono; hanno un doppio mantello, quindi perdono pelo tutto l'anno. Se hai addestrato correttamente il tuo cucciolo su come comportarsi, spazzolarlo sarà più facile quando sarà adulto.

Se hai adottato un cane adulto, può volerci un po' di tempo per abituarlo a essere spazzolato frequentemente. Se all'inizio non riesci a far sentire il tuo cane a suo agio con la spazzolatura, puoi inserirla nella tua routine come hai inserito l'addestramento. Man mano che il tuo Cane Corso si sentirà più a suo agio, sarà più facile spazzolarlo quotidianamente.

Cani anziani

Come per le sessioni di esercizio, la toelettatura dovrà essere più frequente e più breve. Spazzolare il mantello ogni due o tre giorni e concentrarsi su una parte diversa del corpo aiuterà a mantenere il tuo cane ben curato senza costringerlo a stare in piedi per lunghi periodi. Usa una spazzola più morbida con punte in plastica all'estremità delle setole; sono più delicate sulla pelle del tuo cane anziano.

Le sessioni di toelettatura sono un buon modo per controllare eventuali problemi mentre fai al tuo cane anziano un bel massaggio per alleviare qualsiasi dolore, oltre a essere un ottimo modo per trascorrere del tempo insieme. Mentre spazzoli il tuo cane, cerca qualsiasi cambiamento sulla pelle, come protuberanze o lipomi. Questi potrebbero dover essere menzionati al veterinario durante una visita regolare se sono molto grandi.

Il momento del bagno

Date le dimensioni dei Cane Corso e il loro pelo corto, un bagno ogni tre mesi dovrebbe essere più che sufficiente per mantenere il tuo cane pulito, specialmente se lo spazzoli settimanalmente. Programma il bagno circa una volta a trimestre (quattro volte all'anno) e il tuo cane dovrebbe essere felice. Ovviamente, se il tuo Cane Corso si sporca (cosa che può accadere quando andate a caccia o a fare escursioni), dovrai prenderti il tempo di fare il bagno al tuo cane dopo ciascuno di questi eventi.

Mettere un cane così grande nella vasca da bagno non è davvero consigliato. Per lavare il tuo cane, scegli un posto più ampio come una stazione di lavaggio per animali domestici o il giardino. Naturalmente, durante i mesi freddi, potrai probabilmente saltare completamente i bagni poiché è probabile che non uscirete così tanto. Dopo il bagno, prenditi il tempo per toelettare il tuo Cane Corso proprio come faresti con te stesso dopo un bagno rilassante.

Pulizia di occhi e orecchie

Quando fai il bagno al tuo Cane Corso, fai attenzione a non far entrare acqua nelle sue orecchie. Dovresti anche prendere l'abitudine di controllargli le orecchie una volta alla settimana per assicurarti che siano sane; potrebbe avere allergie che rendono l'interno delle orecchie rosso. Un tampone tiepido e umido può essere usato sulla parte superficiale dell'orecchio. Se il rossore non migliora in un giorno, prendi un appuntamento dal veterinario. Se vedi accumulo di cerume, puoi pulirlo molto delicatamente, ma non mettere mai nulla nelle orecchie del tuo cane.

I Cane Corso sono soggetti a diverse condizioni genetiche che riguardano gli occhi (Capitolo 17), quindi prenditi sempre il tempo di controllare gli occhi del tuo cane mentre lo toeletti. La cataratta è un problema abbastanza comune per tutti i cani con l'avanzare dell'età: se noti occhi opachi, fai controllare il tuo Cane Corso. Se sta sviluppando cataratte, devi portare il cane a farle rimuovere poiché possono portare alla cecità.

Taglio delle unghie

«Non dovresti dover tagliare le unghie se il cane fa abbastanza passeggiate o trascorre tempo in giardino: le unghie si manterranno naturalmente corte grazie al contatto con il terreno.»

Vicky Glisson
Cape Fear Cane Corso

Tagliare le unghie dei Cane Corso può essere difficile a causa delle loro dimensioni e del fatto che le unghie sono di un colore simile al mantello del cane, il che significa che potresti tagliarle troppo e causare sanguinamento. È meglio far tagliare le unghie del tuo cane da un esperto finché non vedi come si fa. Se tagli tu stesso le unghie del tuo Cane Corso, tieni a portata di mano della polvere emostatica nel caso in cui il taglio sia eccessivo.

Per sapere quando il tuo cane ha bisogno di tagliare le unghie, fai attenzione quando cammina su superfici dure per assicurarti che le unghie non facciano clic. Se lo fanno, dovresti aumentare la frequenza con cui fai tagliare le unghie del tuo cane. Come regola generale, si consiglia una volta al mese.

Salute orale e spazzolatura dei denti del tuo cane

I denti dei Cane Corso hanno bisogno di essere spazzolati spesso per evitare problemi dentali, e probabilmente vorrai imparare a farlo tu stesso piuttosto che dover visitare un toelettatore una volta alla settimana. È anche utile sapere come farlo se il suo alito è cattivo o ha mangiato qualcosa che puzza.

Usa sempre un dentifricio specifico per cani; il dentifricio umano può essere tossico. Il sapore del dentifricio per cani renderà anche più facile spazzolare i denti del tuo cane, o almeno divertente mentre cerca di mangiarlo. Per iniziare a spazzolare i denti del tuo cane:

1. Metti un po' di dentifricio sul dito e porgilo al tuo cane.
2. Lascia che il tuo cane lecchi il dentifricio.
3. Loda il tuo cane per aver provato qualcosa di nuovo.

4. Metti un po' di dentifricio sul dito, solleva il labbro superiore del tuo cane e inizia a strofinare con movimenti circolari lungo le gengive del tuo Cane Corso. È molto probabile che il tuo cane renderà difficile l'operazione cercando costantemente di leccarti il dito. Loda il tuo cucciolo quando non si dimena troppo.

   a. Cerca di muoverti con un movimento circolare. Sarà molto complicato, specialmente con quei denti da latte affilati.

   b. Cerca di tenere fermo il cucciolo senza stringerlo in una morsa. Man mano che il tuo cucciolo cresce, avrai bisogno che impari come stare seduto volontariamente per la pulizia.

   c. Cerca di massaggiare sia le gengive superiori che quelle inferiori. È probabile che le prime volte non riuscirai a fare molto più che mettere il dito in bocca al tuo cane, e va bene così. Col tempo, il tuo cucciolo imparerà ad ascoltare man mano che l'addestramento in altri ambiti lo aiuta a capire quando stai dando comandi.

5. Mantieni un atteggiamento positivo. No, probabilmente non sarai in grado di pulire correttamente i denti del cucciolo per un po', e questo va perfettamente bene finché continui a lavorarci con pazienza e costanza.

Una volta che il tuo cane sembra a suo agio con te che gli spazzoli i denti con il dito, prova gli stessi passaggi con uno spazzolino. Potrebbe essere un po' complicato all'inizio, ma non dovrebbe richiedere troppo tempo. Potrebbero volerci un paio di settimane prima di poter passare allo spazzolino, ma anche se ci vorrà così tanto, sarà comunque un ottimo momento per rafforzare il legame.

CAPITOLO 16.
Problemi generali di salute: allergie, parassiti e vaccinazioni

I fattori ambientali determinano in gran parte le probabilità che il tuo cane contragga parassiti o meno. Per esempio, se vivi vicino a un bosco, il tuo cane è più a rischio di zecche rispetto a un cane che vive in città. Parla con il tuo veterinario dei rischi ambientali specifici per il tuo cane.

Il ruolo del tuo veterinario

Dalle vaccinazioni annuali ai controlli di salute, le visite veterinarie programmate regolarmente assicureranno che il tuo Cane Corso rimanga in salute. Poiché i Cani Corso sono compagni così entusiasti, sarà evidente quando il tuo cane non si comporta normalmente. Noterai molto in fretta dei cambiamenti, soprattutto se il tuo Cane Corso smette di seguirti per casa. Le visite annuali dal veterinario garantiranno che non ci sia un problema che sta lentamente prosciugando l'energia o la salute del tuo cane.

I controlli sanitari assicurano anche che il tuo Cane Corso stia invecchiando bene. Se il tuo cane presenta sintomi precoci di qualcosa di potenzialmente problematico nel corso degli anni (come l'artrite), una diagnosi precoce ti permetterà di iniziare a fare aggiustamenti tempestivamente. Il veterinario può aiutarti a trovare modi per gestire il dolore e i problemi che accompagnano il processo di invecchiamento e sarà in grado di raccomandare modifiche alla routine affinché si adatti al corpo che invecchia e alle capacità in diminuzione del tuo cane, garantendo che possiate continuare a divertirvi insieme senza far male al tuo cane.

I veterinari possono fornire trattamenti e/o farmaci preventivi per i diversi parassiti e minacce microscopiche che il tuo cane potrebbe incontrare quando è all'aperto, durante le interazioni con altri cani o dopo l'esposizione ad animali esterni alla tua casa.

Allergie

Come le persone, anche i cani possono avere allergie, sebbene possa essere difficile capire quando un cane sta avendo una reazione allergica. Il nome scientifico per le allergie ambientali è dermatite atopica, ma è più difficile determinare se il problema è legato all'ambiente o al cibo che stai dando al tuo cane. I sintomi tendono ad essere simili nei cani per entrambi i tipi di allergie:

- Prurito/grattamento, in particolare intorno al muso
- Zone arrossate e irritate (hot spot)
- Infezioni alle orecchie
- Infezioni cutanee
- Occhi e naso che colano (non comuni)

I cani spesso sviluppano allergie quando hanno tra 1 e 5 anni di età. Una volta che sviluppano allergie, i cani non superano il problema. Di solito le allergie canine sono legate all'esposizione cutanea, ma alcuni possono essere allergici all'inalazione di particelle microscopiche come polvere, muffe e pollini.

*Foto di
William White*

Poiché i sintomi sono gli stessi per le allergie alimentari e ambientali, dovrai parlare con il tuo veterinario per determinare la causa. Se il tuo cane ha un'allergia alimentare, tutto ciò che devi fare è cambiare il cibo che gli dai; se ha un'allergia ambientale, avrà bisogno di farmaci proprio come gli esseri umani. Per questo motivo, vorrai sapere se il problema deriva da qualcosa di stagionale (come il polline) o da qualcosa che è presente tutto l'anno, così saprai quando trattare il tuo cane.

Come per gli umani, eliminare completamente il problema non è realmente ragionevole – c'è un limite a quanto puoi modificare l'ambiente intorno al tuo cane. Esistono diversi tipi di farmaci che possono aiutare il tuo cane a diventare meno sensibile agli allergeni.

- Antibatterici/Antifungini – Ci sono diversi farmaci per queste allergie, tra cui shampoo, pillole e creme. Questi di solito non trattano l'allergia, ma i problemi che derivano dalle allergie, come le infezioni batteriche e da lieviti.

- Antinfiammatori – Questi sono farmaci orali paragonabili agli antistaminici per le persone. Dovrai fare attenzione se usi questi farmaci, monitorando il tuo cane per vedere se ha effetti avversi. Se il tuo cane ha una reazione negativa, come letargia, diarrea o disidratazione, devi consultare il tuo veterinario.

- Immunoterapia – Una serie di iniezioni può aiutare a ridurre la sensibilità del tuo cane a ciò a cui è allergico. Questo è qualcosa che puoi fare a casa, quindi non avrai bisogno di portare il tuo cane dal veterinario per completare la serie di inoculazioni. Gli scienziati stanno anche sviluppando una versione orale del farmaco per rendere più facile prenderti cura del tuo amico a quattro zampe.

- Trattamenti topici – Questi trattamenti tendono a essere composti da shampoo e balsamo, che rimuoveranno qualsiasi allergene dal pelo del tuo cane. Anche fare un bagno caldo (non bollente) al tuo cane può aiutare ad alleviare il prurito.

Parla con il tuo veterinario dei farmaci disponibili per il tuo cane per determinare il miglior trattamento per la tua situazione e le esigenze del tuo Cane Corso.

Allergie a inalanti e ambientali

Le allergie a inalanti sono causate da cose come polvere, polline, muffe e persino forfora di cane. La reazione di un cane tende a essere diversa da quella di una persona: invece di starnutire e avere il naso che cola, i cani tendono a provare più prurito a causa dell'allergia. Il tuo cane potrebbe grattarsi in un particolare punto irritato o iniziare a strofinarsi gli occhi e le orecchie con le zampe. Alcuni cani hanno il naso che cola e starnutiscono in modo prolifico, ma questo è di solito in aggiunta al grattamento.

Allergie da contatto

Le allergie da contatto significano che il tuo cane ha toccato qualcosa che scatena in lui un'allergia. Cose come la lana, i prodotti chimici in un trattamento antipulci e certi tipi di erba possono provocare irritazione nella pelle di un cane, causando persino scolorimento. Se non trattata, la reazione allergica può iniziare a emettere forti odori e causare la perdita di pelo.

Come le allergie alimentari, le allergie da contatto sono facili da trattare perché una volta che sai cosa sta irritando la pelle del tuo cane, puoi rimuovere il problema.

Pulci e zecche

Dato l'amore dei Cani Corso per l'aria aperta, sono a rischio molto maggiore sia di zecche che di pulci rispetto a parecchi altri cani, e nessuno dei due parassiti è facile da vedere perché un Cane Corso ha un mantello scuro. Pertanto, non puoi permetterti alcuna interruzione nel trattamento antipulci e zecche, nemmeno in inverno.

Prendi l'abitudine di controllare la presenza di zecche dopo ogni uscita nei boschi o vicino ad erba alta o piante selvatiche. Passa il pettine attraverso il pelo del tuo cane e controlla la sua pelle per irritazioni e parassiti. Poiché lo farai spesso, dovresti essere in grado di notare quando c'è un cambiamento, ad esempio un nuovo rigonfiamento. Dato che il tuo cane sarà molto felice di passare del tempo con te, il controllo della pelle non dovrebbe richiedere molto tempo.

Le pulci sono problematiche perché sono molto più mobili delle zecche. Il modo migliore per cercare le pulci è renderla una parte regolare delle tue sessioni di spazzolatura. Puoi anche cercare indicatori comportamentali, come il grattarsi e leccarsi incessantemente. Dovrai usare prodotti preventivi contro le pulci regolarmente, una volta che il tuo cucciolo raggiungerà un'età appropriata.

L'ENPA ha emesso un avvertimento su alcuni trattamenti acquistati in negozio. Che tu stia pensando di acquistare trattamenti da applicare mensilmente o un collare per una protezione costante, devi controllare se il trattamento contiene isoxazolina (inclusa in Bravecto, Nexgard, Credelio e Simparica) perché questo ingrediente può avere un effetto avverso sugli animali domestici. Mentre altri ingredienti sono sicuri per gli animali domestici quando usati nelle dosi appropriate, se usi un prodotto destinato a un cane più grande, può essere tossico per il tuo cucciolo. Consulta il tuo veterinario sui trattamenti raccomandati per assicurarti di ottenere la dose giusta di repellente per pulci e zecche per le dimensioni e le esigenze del tuo cane. Quando inizi ad applicare il trattamento, monitora il tuo cane per i seguenti problemi:

- Diarrea/vomito

- Tremori

- Letargia

- Convulsioni

Porta il tuo cane dal veterinario se noti uno qualsiasi di questi problemi.

Non usare mai un prodotto progettato per un cane su un gatto o viceversa. Se il tuo cane è malato, incinta o sta allattando, potresti dover cercare un trattamento alternativo. I collari antipulci generalmente non sono raccomandati perché sono noti per causare problemi agli animali domestici e alle persone. Se hai un gatto o bambini piccoli, dovresti scegliere una delle altre opzioni per tenere pulci e zecche lontane dal tuo cane: infatti, i collari antipulci contengono un ingrediente letale per i felini e che si ritiene possa essere cancerogeno per gli esseri umani.

Quando acquisti un trattamento antipulci, assicurati di leggere la confezione per scoprire qual è il momento giusto per iniziare a trattare il tuo cane in base alla sua età e dimensione attuale. Marche diverse hanno raccomandazioni diverse, e non vuoi iniziare a trattare il tuo cucciolo troppo presto. L'applicazione del trattamento prevede anche passaggi specifici: assicurati di comprenderli tutti prima di acquistare il trattamento antipulci.

Se vuoi usare dei prodotti naturali invece di quelli chimici, dedica qualche ora a ricercare le alternative e capire cosa funziona meglio per il tuo Cane Corso. Verifica che qualsiasi prodotto naturale funzioni prima di acquistarlo e assicurati di consultare il tuo veterinario. Stabilire un programma regolare e aggiungerlo al calendario ti aiuterà a ricordare di trattare il tuo cane ogni mese.

Vermi parassiti

Sebbene i vermi siano un problema meno comune delle pulci e delle zecche, possono essere molto più pericolosi. Il tuo cane può ammalarsi a causa di vermi trasportati da pulci e zecche. Ci sono diversi tipi di vermi di cui dovresti essere consapevole:

- Filaria (vermi cardiaci)
- Anchilostomi
- Ascaridi
- Tenie
- Tricocefali

Sfortunatamente, non esiste un insieme di sintomi facilmente riconoscibili per aiutare a identificare quando il tuo cane ha i vermi: tuttavia, puoi tenere d'occhio questi sintomi e, se il tuo cane li mostra, programma una visita dal veterinario.

- Il tuo Cane Corso è inaspettatamente letargico per alcuni giorni.
- Chiazze di pelo iniziano a cadere (questo sarà evidente se spazzoli regolarmente il tuo Cane Corso) o noti spazi irregolari nel mantello del tuo cane.
- Lo stomaco del tuo cane diventa disteso (si espande) e sembra una pancia gonfia.
- Il tuo Cane Corso inizia a tossire, vomitare, ha diarrea o perdita di appetito.

Se non sei sicuro di qualsiasi sintomo, è sempre meglio andare dal veterinario il prima possibile per un controllo.

Filaria (vermi cardiaci)

La filaria rappresenta una minaccia significativa per la salute del tuo cane e può essere mortale, poiché può sia rallentare che bloccare il flusso sanguigno. Dovresti trattare attivamente il tuo cane contro la filaria per assicurarti che questo parassita non trovi casa nel tuo cane.

Fortunatamente, la filaria è tra i problemi di salute più facili da prevenire, in quanto ci sono farmaci che possono garantire che il tuo Cane Corso non la contragga. Per prevenire questo problema molto serio, puoi dare al tuo cane un farmaco masticabile, una medicina topica o puoi richiedere iniezioni.

Questo particolare parassita è trasportato dalle zanzare, che sono quasi impossibili da evitare nella maggior parte delle regioni del Paese. Poiché la filaria è potenzialmente mortale, prendere misure preventive è essenziale.

Se un cane ha la filaria, la condizione è costosa e richiede tempo per essere trattata e curata, ma varrà tutto il lavoro per quanto sono straordinari questi cani.

1. Il veterinario prima preleverà il sangue per condurre il test, che può costare fino a 50 euro.

2. Il trattamento inizierà con alcuni farmaci iniziali, compresi antibiotici e farmaci antinfiammatori.

3. Dopo un mese di farmaci iniziali, il tuo veterinario darà al tuo cane tre iniezioni nel corso di due mesi.

Dal momento in cui il veterinario conferma che il tuo cane ha la filaria fino a quando dice che è libero dal parassita, devi mantenere il tuo cane calmo. Il tuo veterinario ti dirà come esercitare al meglio il tuo cane durante questo periodo. Considerando che il tuo Cane Corso è probabilmente energico, questo sarà un periodo molto difficile sia per te che per lui. Dovrai fare attenzione quando il tuo cane fa esercizio perché i vermi sono dentro il suo cuore, inibendo il flusso sanguigno. Pertanto, far pompare troppo il cuore del tuo cane può ucciderlo.

Foto di
Laura Foxon and Joshua Szukalski

Il trattamento continuerà dopo il completamento delle iniezioni. Dopo circa sei mesi, il tuo veterinario condurrà un altro esame del sangue per assicurarsi che i vermi siano scomparsi.

Una volta che il tuo cane sarà libero dai parassiti, dovrai essere vigile nel somministrare i farmaci preventivi contro la filaria: dopotutto, vorrai assicurarti che il tuo povero amico non soffra di nuovo. Il cuore del tuo cane avrà comunque subito danni duraturi, quindi dovrai assicurarti che il tuo amico a quattro zampe non faccia troppo esercizio.

Vermi intestinali: anchilostomi, ascaridi, tenie e tricocefali

Tutti e quattro questi vermi prosperano nel tratto intestinale del tuo cane, dove arrivano quando il tuo amico curioso mangia qualcosa contaminato da essi. I seguenti sono i modi più comuni in cui i cani ingeriscono vermi:

- Feci
- Piccoli ospiti come pulci, scarafaggi, lombrichi e roditori
- Terreno, anche quando leccato dal loro pelo e dalle zampe
- Acqua contaminata
- Latte (se la madre ha i vermi, può trasmetterli ai cuccioli durante l'allattamento)

I seguenti sono i sintomi e i problemi più comuni causati dai parassiti intestinali:

- Anemia
- Perdita di sangue
- Tosse
- Disidratazione
- Diarrea
- Infiammazione dell'intestino crasso
- Perdita di peso

Se un cane riposa nel terreno con larve di anchilostoma, il parassita può penetrare attraverso la pelle del cane. Il veterinario condurrà un test diagnostico per determinare se il tuo cane ha questo parassita e, se è presente, prescriverà un vermifugo. Dovresti visitare un medico anche tu, perché anche gli esseri umani possono contrarre anchilostomi.

Gli ascaridi sono un po' come le pulci in quanto sono molto comuni e, a un certo punto della loro vita, la maggior parte dei cani deve essere trattata per essi. Si nutrono principalmente del cibo digerito nello stomaco del tuo cane, sottraendo i nutrienti di cui il tuo cane ha bisogno. È possibile che le larve rimangano nel tuo cane anche dopo che tutti i vermi adulti sono stati eliminati. Le madri possono trasmettere queste larve ai loro cuccioli: questo significa che se hai un Cane Corso incinta, devi far controllare periodicamente i suoi cuccioli per assicurarti che le larve inattive non vengano loro trasmesse. In caso di trasmissione, le larve inattive si attivano. Anche la madre dovrà sottoporsi allo stesso test per assicurarsi che non la facciano ammalare. Oltre ai sintomi elencati sopra, il tuo Cane Corso potrebbe anche mostrare una pancia gonfia. Inoltre, potresti riuscire a vedere questi vermi anche negli escrementi o nel vomito del tuo cane.

Le tenie vengono solitamente mangiate quando sono uova, di solito trasportate da pulci o dalle feci di altri animali che hanno tenie. Si sviluppano nell'intestino tenue del cane fino a diventare adulte. Nel tempo, parti della tenia si staccano e diventeranno visibili nei rifiuti del tuo cane, che devono essere puliti con attenzione per evitare che altri animali contraggano le tenie. Sebbene le tenie tipicamente non siano fatali, possono causare perdita di peso, dando al tuo cane una pancia gonfia (a seconda di quanto grandi diventano i vermi nell'intestino del tuo cane). Il tuo veterinario può testare il tuo cane per vedere se ha tenie e prescriverà un farmaco sotto forma di pastiglia masticabile, compressa o farmaco che puoi cospargere sul cibo del tuo cane. Esiste un basso rischio che gli esseri umani contraggano la tenia, con i bambini a maggior rischio a causa della probabilità che giochino in aree dove ci sono escrementi di cane e poi non si lavino le mani abbastanza accuratamente dopo. È possibile contrarre la tenia se una persona inghiotte una pulce, il che può accadere se il tuo cane e la tua casa presentano un'infestazione seria.

I tricocefali crescono nell'intestino crasso e, in gran numero, possono essere fatali. Il loro nome è indicativo del loro aspetto, con le loro code che appaiono più sottili della sezione superiore. Come gli altri vermi, dovrai far testare il tuo cane per determinare se è malato.

Mantenere i trattamenti antipulci, assicurarsi che le persone raccolgano i rifiuti dei loro animali domestici e controllare che il tuo Cane Corso non mangi spazzatura o escrementi di animali sono le migliori misure preventive per mantenere il tuo cane al sicuro da questi parassiti.

Se il tuo cane ha anchilostomi o ascaridi, questi possono essere trasmessi a te dal tuo cane attraverso il contatto con la pelle. Sottoporti a un trattamento contemporaneamente al tuo Cane Corso può aiutare a fermare il ciclo vizioso di scambiarvi continuamente i vermi.

Le misure preventive contro tutti questi vermi possono essere incluse con il farmaco preventivo per la filaria. Parla con il tuo veterinario delle diverse opzioni per evitare che il tuo animale domestico soffra di questi problemi di salute.

Vaccinare il tuo Cane Corso

I programmi di vaccinazione sono quasi universali per tutte le razze di cani, inclusi i Cani Corso. Il seguente elenco può aiutarti a garantire che il tuo Cane Corso riceva i vaccini necessari secondo il programma previsto. Assicurati di aggiungere le vaccinazioni al tuo calendario. Come promemoria, nessun vaccino dovrebbe essere somministrato durante la prima visita veterinaria. Il tuo nuovo cane è già abbastanza stressato da tutti i cambiamenti nella sua vita senza aggiungere malattie. Se il tuo cucciolo deve ricevere altri vaccini poco dopo essere arrivato a casa tua, quella visita dovrebbe essere programmata separatamente, una volta che il tuo cucciolo si sentirà più a suo agio nella tua casa.

La seguente tabella fornisce dettagli su quali vaccini dovrebbero essere somministrati e quando.

Cronologia	Vaccinazione		
6 a 8 settimane	Bordetella Lyme	Leptospira Virus dell'influenza-H3N8	DHPP – Primo vaccino Virus influenzale-H3N2
10 a 12 settimane	Leptospira Lyme	DHPP – Seconda dose Virus dell'influenza-H3N8	Rabbia Virus dell'Influenza H3N2
14 a 16 settimane	DHPP – Terza dose		
Annualmente	Leptospira Lyme	Bordetella Virus dell'influenza H3N8	Rabbia Virus dell'influenza-H3N2
Ogni tre anni	Richiamo DHPP	Rabbia (se si opta per la vaccinazione a lunga durata)	

Questi vaccini proteggono il tuo cane da una serie di malattie. Tieni presente che dovrai fare dei vaccini una parte annuale delle visite veterinarie del tuo cane in modo da poter mantenere il tuo cucciolo al sicuro. Se desideri saperne di più sulle malattie da cui queste vaccinazioni proteggono il tuo cane, consulta il tuo veterinario, che ti fornirà dettagli sulle malattie e altre informazioni che possono aiutarti a capire perché è così importante mantenere aggiornati i vaccini.

Alternative olistiche

Voler tenere un cane lontano dall'esposizione a trattamenti chimici ha senso, e ci sono molte buone ragioni per cui le persone si stanno spostando verso metodi più olistici. Tuttavia, questo richiede molta più ricerca e monitoraggio per garantire che i metodi funzionino e, cosa più importante, non danneggino il tuo cane. Le medicine olistiche non verificate possono essere uno spreco di denaro o, peggio, possono persino essere dannose per il tuo animale domestico.

Se decidi di optare per la medicina olistica, parla con il tuo veterinario delle tue opzioni. Puoi anche cercare esperti di Cane Corso per vedere cosa raccomandano prima di iniziare a usare qualsiasi metodo che ti interessa provare. Leggi cosa hanno detto gli scienziati sul farmaco che stai considerando. C'è la possibilità che i prodotti acquistati in un negozio siano effettivamente migliori di alcuni farmaci olistici.

Assicurati di condurre una ricerca approfondita e di non correre rischi inutili con la salute del tuo Cane Corso.

CAPITOLO 17.
Problemi di salute genetici comuni nel Cane Corso

ATutti i cani di razza pura sono soggetti a malattie genetiche, compreso il Cane Corso. Gli allevatori seri offrono garanzie (Capitolo 3) per assicurare che i loro cuccioli siano privi dai problemi genetici noti della razza. Per soddisfare i requisiti di queste garanzie devi conoscere i problemi e i loro sintomi. Prima inizi a contrastare potenziali problemi, più probabilità ci sono che il tuo Cane Corso rimanga in salute.

Gli allevatori dovrebbero essere in grado di fornire documenti sanitari, oltre ai libretti delle vaccinazioni e ai test richiesti. Assicurarsi che i genitori siano sani aumenta la probabilità che il tuo cucciolo rimanga in salute per tutta la vita. Tuttavia, esiste sempre la possibilità che il tuo cane sviluppi uno di questi problemi anche se i genitori non li presentano, quindi dovrai comunque tenere d'occhio il tuo amico.

Displasia dell'anca e del gomito

La displasia dell'anca e del gomito sono disturbi comuni nei cani di taglia media e grande. L'alimentazione del cucciolo (Capitolo 13) può aiutare a minimizzare i problemi quando diventerà adulto. Entrambi i tipi di displasia sono il risultato di malformazioni nelle articolazioni dell'anca e della zampa che spesso portano all'artrite, poiché l'accoppiamento improprio danneggia la cartilagine. La condizione è rilevabile quando il cane diventa adulto attraverso radiografie.

La displasia è un problema che il tuo Cane Corso potrebbe cercare di nascondere perché non vorrà rallentare. Il tuo cane adulto camminerà in modo un po' più rigido o potrebbe ansimare anche quando non fa caldo. La condizione di solito diventa più evidente quando il cane si avvicina all'età avanzata, proprio come le persone anziane tendono a modificare la loro andatura per adattarsi al dolore. Alzarsi può diventare più difficile con l'avanzare dell'età.

Mentre la chirurgia è un'opzione nei casi gravi, la maggior parte dei cani può beneficiare di trattamenti meno invasivi:

- Farmaci antinfiammatori – parlane con il tuo veterinario (i cani non dovrebbero assumere dosi elevate di farmaci antinfiammatori quotidianamente, poiché questi possono danneggiare i reni)

- Riduci la quantità di esercizio ad alto impatto che il tuo cane svolge, specialmente su pavimenti in legno, piastrelle, cemento o altre superfici dure (dato quanto il tuo cane probabilmente ama il Dock Diving, puoi passare ad altri tipi di esercizio per mantenerlo attivo senza i movimenti bruschi della camminata e della corsa su superfici dure).

- Integratori per il liquido articolare, come snack con glucosamina

- Fisioterapia (come l'idroterapia, dove il tuo cane cammina su un tapis roulant mentre è in acqua), che dovrai discutere con il tuo veterinario

- Perdita di peso (per cani in sovrappeso o obesi)

Dilatazione gastrica e volvolo (GDV)

La GDV, più comunemente nota come meteorismo, è un problema delle razze canine con torace più ampio. Lo stomaco può riempirsi di gas, causando gonfiore. Nei casi peggiori, il gas può far torcere lo stomaco, bloccando l'entrata e l'uscita. Mentre la fase di gonfiore non è letale, una volta che lo stomaco si torce, può uccidere il tuo cane: questo perché nulla può entrare o uscire dallo stomaco del cane una volta che si è attorcigliato.

La prevenzione è il modo migliore per affrontare questo problema. Sebbene sia possibile eseguire un intervento chirurgico per impedire la torsione dello stomaco, questo potrebbe non essere il trattamento migliore per il Cane Corso. Puoi ridurre il rischio di questo problema adottando le seguenti misure.

- Nutri il tuo cane due o tre volte al giorno (non in un solo pasto)
- Aggiungi cibo umido alle crocchette (se nutri il tuo cane con cibo commerciale)
- Assicurati che il cibo secco sia ricco di calcio, il quale aiuta a neutralizzare gli acidi dello stomaco

Problemi agli occhi

Gli occhi a mandorla del Cane Corso riflettono la loro intensa curiosità e interesse per il mondo circostante, ma quegli occhi bellissimi presentano anche una serie di problemi ereditari. Come per molti altri cani brachicefali, devi controllare regolarmente gli occhi del tuo cane per:

Entropion

L'entropion si verifica quando le palpebre del cane si arrotolano verso l'interno, danneggiando la cornea poiché le ciglia la graffiano. L'intervento chirurgico correttivo che risolve questo problema può causare un altro disturbo oculare, l'ectropion. A differenza del primo, questo si verifica quando la palpebra inferiore cade verso il basso, rendendo visibile il tessuto rosa morbido sotto l'occhio. Mentre l'ectropion non è un problema grave – i bassotti ci convivono come parte naturale della loro struttura facciale – aumenta la probabilità di infezioni oculari.

Prolasso della ghiandola della terza palpebra

«I Corsi possono sviluppare quello che viene chiamato «cherry eye». Non è un grosso problema e non causa molto dolore o danni al cane; per lo più appare solo antiestetico. Una semplice procedura medica può essere eseguita per rimuoverlo senza effetti duraturi sulla salute del cane.»

Sabastian Freitas
Freitas Cane Corsos

L'ipertrofia ghiandolare, meglio conosciuta come «cherry eye«, è causata dall'infiammazione della terza palpebra. Quando ciò accade, sarai in grado di vedere la palpebra mentre si distende verso l'esterno. Sebbene sembri terribile, è facilmente trattabile con un intervento chirurgico.

Demodicosi

Mentre la maggior parte delle creature con pelo (compresi gli umani) è a rischio di acari demodex, alcuni nascono con una propensione ereditaria a sviluppare la rogna demodettica a causa di essi. I follicoli piliferi ospitano questi piccoli parassiti, che di solito non causano problemi. Tuttavia, nel Cane Corso gli acari tendono a causare focolai di rogna. Se il sistema immunitario del tuo cane non è in grado di mantenere al minimo il numero di acari demodex, questi possono aumentare a dismisura e causare estremo disagio al tuo Cane Corso.

Il problema può essere confinato a una singola area o, se non trattato, può interessare tutto il cane. La rogna demodettica causa lesioni nelle aree colpite e può portare alla perdita di pelo, desquamazione e lesioni nei casi non trattati.

Di solito, i veterinari effettuano raschiature sulla pelle dei cani sospettati di avere questo problema, mentre alcuni estraggono peli per cercarlo. A seconda della gravità del caso, i veterinari possono consigliare di aspettare e monitorare il problema (alcuni casi possono scomparire da soli) o prescrivere farmaci. I farmaci sono solitamente riservati ai casi più estremi o di lunga durata.

Infezioni fungine alle orecchie

Le orecchie dei cani possono creare un ambiente buio e caldo dove funghi, lieviti e batteri prosperano. Le allergie possono essere un fattore contribuente principale, ma tutti i cani sono a rischio per questi tipi di infezioni. Ecco perché è assolutamente essenziale evitare di bagnare le orecchie del tuo cane durante il bagno e controllarle regolarmente. Fai attenzione ai seguenti problemi nelle orecchie del tuo cane:

- Secrezioni colorate (in particolare marroni o sanguinolente)
- Gonfiore e arrossamento
- Formazione di croste sulla pelle del padiglione auricolare
- Grattamento all'orecchio o frequente scuotimento della testa

- Perdita dell'udito o dell'equilibrio
- Camminare in cerchio (oltre al normale comportamento precedente le uscite per i bisogni o prima di sdraiarsi)

Se noti uno qualsiasi di questi sintomi, porta il tuo cane dal veterinario, anche se i sintomi sembrano lievi. Sono disponibili diversi trattamenti a seconda della gravità della condizione. Di solito viene consigliata una crema antimicotica, ma problemi più gravi (come un'infezione nell'orecchio medio) potrebbero richiedere iniezioni o interventi chirurgici.

Se il tuo cane soffre cronicamente di questo problema, il tuo veterinario probabilmente ti consiglierà un detergente per le orecchie progettato per prevenire il problema o una soluzione che manterrà l'area asciutta.

Errori comuni dei proprietari

Oltre ai problemi genetici, alcune tue azioni potrebbero danneggiare la salute del tuo cane in relazione alla dieta e ai livelli di esercizio. Nei primi giorni, è difficile trovare un equilibrio perché il tuo cucciolo è esuberante e vivace, ma anche quando è completamente cresciuto, devi assicurarti di ridurre al minimo lo stress sulla sua struttura ossea. La gestione del peso è un modo importante per mantenere il tuo cane in salute. Devi assicurarti che il tuo cane riceva la giusta nutrizione per il suo livello di attività per evitare un maggiore rischio di aggravare la displasia dell'anca e del gomito.

Foto di
Brittany Morrison

Non notare i primi segni di potenziali problemi può essere dannoso, se non addirittura fatale. Se in qualsiasi momento noti strani cambiamenti nel comportamento del tuo cane, portalo dal veterinario: essendo una razza abbastanza sana, un comportamento strano in un Cane Corso è probabilmente segno di qualcosa che dovrebbe essere controllato.

Prevenzione e monitoraggio

È importante monitorare il peso del tuo Cane Corso almeno una volta a trimestre o due volte all'anno. Essendo la displasia dell'anca e del gomito un vero problema genetico, il peso aggiuntivo non farà che peggiorare le cose. Il tuo veterinario probabilmente ti dirà di fare attenzione se il tuo cane è in sovrappeso perché questo non solo mette sotto sforzo le zampe, le articolazioni e i muscoli del cane, ma può anche avere effetti negativi sul cuore, sul flusso sanguigno e sul sistema respiratorio. Assicurati di parlare con il tuo veterinario se noti che il tuo Cane Corso ha qualche problema. Le visite regolari possono aiutarti ad affrontare problemi che potresti non considerare così gravi. A volte, i sintomi che noti sono un segno di un problema futuro.

CAPITOLO 18.
Il Cane Corso anziano

C I Cane Corso hanno generalmente una durata di vita di 10-12 anni. Potresti iniziare a notare un rallentamento nel tuo cane tra gli 8 e i 9 anni. Un cane può rimanere in salute per tutta la vita, ma il suo corpo non sarà comunque in grado di svolgere a 8 o 9 anni le stesse attività che poteva fare a 2. I cambiamenti necessari con l'avanzare dell'età saranno basati sulle esigenze specifiche del tuo Cane Corso. Per i cani di taglia grande, il declino spesso sembra avvenire molto più rapidamente. Il fatto è che i segnali ci sono, ma noi non vogliamo davvero vederli. I primi segni sono solitamente un'andatura più rigida o un cane che inizia ad ansimare più pesantemente nelle prime fasi della passeggiata o della corsa. Se noti questi segnali, inizia a ridurre le corse, oppure smetti di correre e opta per passeggiate più energiche. È probabile che il tuo Cane Corso vorrà continuare a cacciare; quindi, dovrai scegliere prede più facili o iniziare a coinvolgerlo in altri tipi di attività.

Il tuo programma dovrà cambiare man mano che il tuo cane rallenta. Fai attenzione che il tuo amico non si sforzi troppo, poiché i Cane Corso potrebbero essere così concentrati sull'essere attivi da non rendersi conto che si stanno facendo male e hanno bisogno di fermarsi per riposare.

C'è un motivo per cui questi sono chiamati gli anni d'oro: puoi davvero goderteli con il tuo cane. Non devi più preoccuparti che distrugga cose per noia o si ecciti troppo durante le passeggiate. Puoi goderti serate tranquille e weekend pacifici con qualche esercizio meno faticoso per spezzare la giornata. È facile rendere gli anni della vecchiaia incredibilmente piacevoli sia per il tuo Cane Corso che per te, apportando i necessari aggiustamenti.

Sfide nella cura dell'anziano

Nella maggior parte dei casi, prendersi cura di un cane anziano è molto più semplice che occuparsi di un cane giovane, e i Cane Corso non fanno eccezione.

Adotta i seguenti accorgimenti per agevolare il tuo Cane Corso anziano:
- Posiziona ciotole d'acqua in diversi punti della casa in modo che il tuo cane possa raggiungerle facilmente quando ne ha bisogno. Se il tuo

Cane Corso mostra segni di difficoltà nel bere o mangiare, posiziona ciotole leggermente rialzate in tutta la casa per aiutarlo.

- Copri le superfici dure dei pavimenti (come piastrelle, parquet e vinile). Usa tappeti o moquette antiscivolo.

- Aggiungi cuscini e lettini più morbidi per il tuo Cane Corso. Questo renderà la superficie più confortevole e lo aiuterà a stare più caldo. Esistono scaldini per cucce se il tuo Cane Corso mostra spesso articolazioni o muscoli doloranti. Naturalmente, devi anche assicurarti che non abbia troppo caldo; quindi, può essere un delicato equilibrio da mantenere.

- Per migliorare la sua circolazione, aumenta la frequenza con cui spazzoli il tuo Cane Corso.

- Resta in casa durante il caldo e il freddo estremi. Il tuo Cane Corso è resistente, ma un cane anziano non può gestire i cambiamenti estremi come una volta.

- Posiziona scale o rampe per il tuo Cane Corso ovunque possibile, così che il tuo vecchio amico non debba cercare di saltare.

- Evita di spostare i mobili, soprattutto se il tuo Cane Corso mostra segni di problemi alla vista o di demenza. Una casa familiare è più confortevole e meno stressante man mano che il tuo animale invecchia. Se il tuo Cane Corso non riesce a vedere chiaramente come una volta, mantenere l'ambiente familiare gli renderà più facile muoversi senza farsi male.

- Se hai scale in casa, considera la possibilità di creare un'area dove il tuo cane possa stare senza doverle salire e scendere troppo spesso.

- Crea uno spazio dove il tuo Cane Corso possa rilassarsi con meno distrazioni e rumori. Non far sentire isolato il tuo vecchio amico, ma dagli un posto dove potersi allontanare da tutti se ha bisogno di stare da solo.

- Sii pronto a far uscire il tuo cane più spesso per i bisogni.

Disturbi fisici comuni legati all'invecchiamento

I Capitoli 4 e 16 trattano le malattie comuni o probabili per un Cane Corso, ma la vecchiaia tende a portare con sé una serie di disturbi che non sono particolari di una razza specifica. Ecco le cose a cui dovrai prestare attenzione (oltre a parlarne con il tuo veterinario).

- Il diabete è probabilmente la preoccupazione maggiore per una razza che ama mangiare tanto quanto il tuo Cane Corso, anche con 2 ore di esercizio quotidiano per la maggior parte della vita adulta del cane. Sebbene il diabete sia generalmente considerato una condizione genetica, qualsiasi Cane Corso può diventare diabetico se non alimentato ed esercitato correttamente. Questo è un altro motivo per cui è così importante fare attenzione alla dieta e ai livelli di esercizio del tuo Cane Corso.

- L'artrite è probabilmente il disturbo più comune in qualsiasi razza canina, e il Cane Corso non fa eccezione. Se il tuo cane mostra segni di rigidità e dolore dopo le normali attività, parla con il tuo veterinario sui modi sicuri per aiutare a minimizzare il dolore e il disagio di questo comune disturbo articolare.

- Le malattie gengivali sono un problema comune nei cani anziani, e dovresti essere altrettanto attento a spazzolare i suoi denti quando il tuo cane invecchia come in qualsiasi altra età. Un controllo regolare dei denti e delle gengive del tuo Cane Corso può aiutare a garantire che questo non diventi un problema.

- La perdita della vista o cecità è relativamente comune nei cani anziani, proprio come negli esseri umani. Fai controllare la vista del tuo cane almeno una volta all'anno o più spesso, se è evidente che la sua vista sta peggiorando.

- Le malattie renali sono un problema comune nei cani anziani, motivo per cui dovresti monitorare il tuo Cane Corso man mano che invecchia. Se il tuo cane beve più spesso e ha regolarmente incidenti, portalo dal veterinario il prima possibile e fallo controllare per malattie renali.

Scalini, rampe e carrozzine

Non dovresti sollevare il tuo grande Cane Corso per portarlo su per le scale o metterlo in auto. Scalini e rampe sono il modo migliore per garantire che il tuo Cane Corso possa mantenere un certo livello di autosufficienza in sicurezza mentre invecchia. Inoltre, l'uso di scalini e rampe fornisce un po' di esercizio extra.

Visite dal veterinario

Man mano che il tuo Cane Corso invecchia, noterai il rallentamento e i dolori nel corpo del tuo Cane Corso saranno evidenti proprio come in una persona anziana. Devi assicurarti di organizzare visite regolari dal tuo veterinario per essere sicuro di non fare nulla che potrebbe potenzialmente danneggiare il tuo Cane Corso. Se il tuo Cane Corso ha un disturbo o una condizione debilitante, può essere utile discutere le opzioni per garantirgli una migliore qualità di vita, come una carrozzina se le zampe del tuo Cane Corso iniziano ad avere seri problemi. Nei casi peggiori, potresti voler discutere della qualità della vita generale del tuo Cane Corso con il veterinario.

L'importanza delle visite veterinarie regolari

Proprio come gli esseri umani vanno dal medico più spesso con l'avanzare dell'età, dovrai portare il tuo cane dal veterinario con maggiore frequenza. Il veterinario può assicurarsi che il tuo Cane Corso rimanga attivo senza esagerare e che non sia sottoposto a stress inutile. Se il tuo cane ha subito un infortunio e te l'ha nascosto, è più probabile che il tuo veterinario riesca a rilevarlo.

Il tuo veterinario può anche fare raccomandazioni su attività e cambiamenti al tuo programma in base alle capacità fisiche del tuo Cane Corso e a qualsiasi cambiamento nella personalità. Per esempio, se il tuo Cane Corso ansima di più, potrebbe essere un segno di dolore dovuto alla rigidità. Questo potrebbe essere difficile da distinguere dato quanto i Cane Corso ansimano di norma, ma se vedi altri segni di dolore, programma una visita dal veterinario. Il tuo veterinario di fiducia può aiutarti a determinare il modo migliore per mantenere il tuo Cane Corso felice e attivo durante gli anni successivi.

Cosa aspettarsi dalle visite veterinarie

- Il tuo veterinario vorrà parlare della storia del tuo cane anche se hai fatto visite ogni anno. Questa conversazione è necessaria per capire come sono andate le cose o se eventuali possibili problemi hanno iniziato a manifestarsi o sono peggiorati dall'ultima visita.

- Mentre chiacchierate, il tuo veterinario probabilmente condurrà un esame fisico completo per valutare la salute del tuo cane.

- A seconda dell'età del tuo cane e del suo stato di salute, il tuo veterinario potrebbe voler eseguire diversi test. I seguenti sono alcuni dei test più comuni per i cani anziani.

  - Test per malattie trasmesse da artropodi, che comportano il prelievo di sangue e il test per infezioni virali

  - Screening chimico per la valutazione dei reni, del fegato e degli zuccheri

  - Emocromo completo

- Flottazione fecale, che comporta la miscelazione delle feci del tuo cane con un liquido speciale per testare la presenza di vermi e altri parassiti
- Test per la filariosi cardiaca
- Analisi delle urine, che testa l'urina del tuo cane per controllare la salute dei reni e del sistema urinario
- Il controllo di routine che il veterinario ha condotto sul tuo cane per anni
- Qualsiasi test specifico per la razza

Cambiamenti a cui prestare attenzione

Tieni d'occhio i diversi segni che indicano che il tuo cane sta rallentando: questo ti aiuterà a sapere quando adattare la disposizione della tua casa e ridurre l'esercizio del tuo vecchio amico.

Appetito e requisiti nutrizionali

Con meno esercizio, il tuo cane non avrà bisogno di tante calorie, il che significa che dovrai adattare la dieta del tuo amico. Se scegli di nutrire il tuo Cane Corso con cibo commerciale per cani, assicurati di passare a un cibo per cani anziani. Il cibo per cani anziani è progettato per le mutevoli esigenze alimentari dei cani più vecchi, con meno calorie e più nutrienti di cui il corpo del cane anziano ha bisogno.

Se prepari tu il cibo per il tuo Cane Corso, parla con il tuo veterinario e prenditi il tempo per ricercare il modo migliore per ridurre le calorie senza sacrificare il gusto. Il tuo cane avrà bisogno di meno grassi nel suo cibo, per cui potresti dover trovare qualcosa di più sano che abbia comunque molto sapore per integrare gli alimenti che hai dato al tuo Cane Corso da cucciolo o da cane adulto attivo.

Esercizio

Poiché i Cane Corso sono socievoli, saranno altrettanto felici con più attenzioni da parte tua come lo erano con l'esercizio quando erano più giovani. Se fai meno richieste, diminuisci il numero di passeggiate o in qualche modo cambi la routine, il tuo Cane Corso si adatterà rapidamente al nuovo programma. Dovrai apportare quei cambiamenti in base alle capacità del tuo cane; quindi, sta a te adattare il programma e mantenere il tuo Cane Corso felicemente attivo. Passeggiate più brevi e frequenti dovrebbero soddisfare le esigenze di esercizio del tuo Cane Corso, oltre ad aiutare a spezzare un po' di più la tua giornata.

Il tuo cane apprezzerà il sonnecchiare tanto quanto il camminare, specialmente se può accoccolarsi con te. Dormire accanto a te mentre guardi la televisione o mentre tu stesso fai un pisolino è praticamente tutto ciò che serve per rendere contento il tuo Cane Corso più anziano, ma ricorda che ha comunque bisogno di esercizio.

Il modo in cui il tuo Cane Corso rallenta sarà probabilmente la parte più difficile del vederlo invecchiare. Potresti notare che il tuo Cane Corso passa più tempo ad annusare l'ambiente durante le passeggiate, il che potrebbe essere un segno che il tuo cane si sta stancando. Potrebbe anche essere il suo modo di riconoscere che le lunghe passeggiate costanti sono un ricordo del passato e quindi si ferma per godersi di più le piccole cose. Fermarsi ad annusare le cose potrebbe ora dargli l'eccitazione che una volta otteneva camminando più lontano.

Mentre dovresti fare attenzione ai segnali che indicano che il tuo cane è stanco, potrebbe anche fartelo sapere lui stesso: se cammina più lentamente, ti guarda e si accascia, può essere il suo modo di farti sapere che è ora di tornare a casa. Se il tuo cane non riesce a gestire lunghe passeggiate, rendile più brevi e più numerose e passa più tempo a giocare nel tuo giardino o in casa.

Invecchiamento e sensi

Proprio come le persone, i sensi dei cani si indeboliscono con l'età, e i sensi dei cani più grandi tendono a deteriorarsi più velocemente rispetto ai cani più piccoli. Non sentiranno le cose così bene come una volta, non vedranno le cose così chiaramente e il loro senso dell'olfatto si indebolirà.

I seguenti sono alcuni dei segni che il tuo cane sta perdendo almeno uno dei suoi sensi.

● Diventa facile sorprendere o spaventare il tuo cane. Devi fare attenzione perché questo può rendere il tuo Cane Corso aggressivo, una prospettiva spaventosa anche in età avanzata. NON avvicinarti di soppiatto al tuo vecchio cane: questo può essere dannoso per entrambi, e lui merita di meglio che essere spaventato.

● Il tuo cane potrebbe sembrare ignorarti perché è meno reattivo quando impartisci un comando. Se non hai avuto problemi prima, il tuo cane non sta facendo il testardo; probabilmente sta solo perdendo l'udito.

- Occhi opachi possono essere un segno di perdita della vista, anche se non significa che il tuo cane sia cieco.

Se il tuo cane sembra «comportarsi male«, è un segno che sta invecchiando, non che non gli importi o voglia ribellarsi. Non punire il tuo cane anziano.

Adatta il tuo programma per soddisfare le capacità in mutamento del tuo cane. Regola l'altezza della ciotola dell'acqua, evita di riorganizzare le stanze e accarezza più spesso il tuo cane. Probabilmente è nervoso per la perdita delle sue capacità, quindi sta a te confortarlo.

Mantenere il tuo cane anziano mentalmente attivo

Solo perché il tuo Cane Corso non può camminare così lontano, non significa che il suo cervello non sia altrettanto concentrato e capace. Man mano che rallenta fisicamente, concentrati di più su attività che siano mentalmente stimolanti. Finché il tuo Cane Corso ha appreso tutte le basi, puoi insegnargli ogni tipo di trucchi a basso impatto. A questo punto, l'addestramento potrebbe essere più facile perché il tuo Cane Corso ha imparato a concentrarsi meglio e sarà felice di poter ancora fare qualcosa con te.

I giocattoli nuovi sono un altro ottimo modo per aiutare a mantenere attiva la mente del tuo cane, ma fai attenzione che non siano troppo duri per la mascella e i denti più anziani del tuo cane. Il tiro alla fune potrebbe essere un gioco del passato (non vuoi danneggiare i suoi vecchi denti), ma altri giochi come nascondino saranno ancora molto apprezzati. Che tu nasconda giocattoli o te stesso, questo può essere un gioco che tiene il tuo Cane Corso in allerta. Ci sono anche palle per il cibo, puzzle e altri giochi che si concentrano sulle abilità cognitive.

Alcuni cani anziani soffrono di sindrome da disfunzione cognitiva (CCD), un tipo di demenza. Si stima che l'85% di tutti i casi di demenza nei cani non vengano diagnosticati a causa della difficoltà nell'individuare il problema, che si manifesta più come un problema di temperamento.

Se il tuo cane inizia a comportarsi in modo diverso, devi portarlo dal veterinario per vedere se ha la CCD. Mentre non c'è alcun vero trattamento per questa sindrome, il tuo veterinario può consigliarti cosa puoi fare per aiutare il tuo cane. Attività come riorganizzare le stanze della tua casa sono fortemente sconsigliate, poiché la familiarità con l'ambiente circostante aiuterà il tuo cane a sentirsi più a suo agio e ridurrà lo stress mentre perde le sue capacità cognitive. La stimolazione mentale aiuterà a combattere la CCD, ma dovresti pianificare di mantenere il tuo cane mentalmente stimolato indipendentemente dal fatto che mostri o meno sintomi di demenza.

Vantaggi degli anni della vecchiaia

Gli ultimi anni della vita del tuo Cane Corso possono essere altrettanto piacevoli (se non di più) rispetto alle fasi precedenti, poiché il tuo cane si è ammorbidito. Tutte quelle attività ad alta energia lasceranno il posto a coccole e relax. Avere il tuo amico che si gode semplicemente la tua compagnia può essere incredibilmente bello; ricorda solo di mantenere i suoi livelli di attività, invece di diventare troppo compiacente con il nuovo amore del tuo Cane Corso per il riposo e il relax.

Il tuo Cane Corso continuerà a essere un compagno amorevole, interagendo con te a ogni opportunità – questo non cambia con l'età. Le limitazioni del tuo cane dovrebbero dettare le interazioni e le attività. Se sei occupato, assicurati di programmare del tempo con il tuo Cane Corso per fare cose che rientrino in quelle limitazioni. È altrettanto facile rendere felice un Cane Corso più anziano quanto lo è con uno giovane, ed è più facile per te perché rilassarsi è più essenziale per il tuo vecchio amico.

Prepararsi a dire addio

Questo è qualcosa a cui tutti i genitori di cani (beh, tutti i genitori di animali, in realtà) non vogliono pensare, ma mentre osservi il tuo Cane Corso rallentare, saprai che il tuo tempo con il tuo dolce amico sta giungendo al termine. La maggior parte dei cani da lavoro tende a declinare improvvisamente, rendendo molto ovvio quando è necessario iniziare a prendersi cura extra dei loro corpi che invecchiano. Mostreranno problemi su superfici più lisce o non riusciranno a camminare così lontano come una volta. È certamente triste, ma quando inizia a succedere, sai che devi iniziare a prepararti a dire addio.

Alcuni cani possono continuare a vivere per anni dopo che iniziano a rallentare, ma la maggior parte dei cani da lavoro non dura più di circa un anno o due. A volte i cani perderanno interesse nel mangiare, hanno un ictus o vengono colpiti da altri problemi che sorgono con poco preavviso. Alla fine, sarà il momento di dire addio, a casa o dal veterinario. Devi essere preparato, ed è esattamente per questo che dovresti sfruttare al massimo questi ultimi anni.

Parla con la tua famiglia di come ti prenderai cura del tuo cane negli ultimi anni o mesi della sua vita. Molti cani saranno perfettamente felici nonostante le loro capacità limitate. Alcuni potrebbero iniziare ad avere problemi nel controllare i movimenti intestinali, mentre altri potrebbero avere problemi ad alzarsi da una posizione prona. Esistono soluzioni per tutti questi problemi. È fondamentale ricordare che la qualità della vita del tuo amico a quattro zampe dovrebbe essere la tua considerazione primaria, e poiché il tuo cane non può dirti come si sente, dovrai prendere spunto da lui. Se il tuo cane sembra ancora felice, non c'è motivo di sottoporlo a eutanasia. Durante la vecchiaia, il tuo cane sarà probabilmente perfettamente felice di dormire vicino a te per 18 ore al giorno: questo va benissimo finché è ancora entusiasta di camminare, mangiare ed essere accarezzato. Lo scopo dell'eutanasia è ridurre la sofferenza, non rendere le cose più convenienti per te stesso. Questo è ciò che rende la decisione così difficile, ma il comportamento del tuo cane dovrebbe essere un indicatore abbastanza valido di come si sente. Ecco alcune altre cose da osservare per aiutarti a valutare la qualità della vita del tuo cane:

- Appetito
- Idratazione
- Minzione e defecazione
- Dolore (segnalato da un eccessivo ansimare)
- Livelli di stress
- Desiderio di essere attivo o con la famiglia (se il tuo cane vuole stare da solo la maggior parte del tempo, questo è di solito un segno che sta cercando di stare solo per la fine)

Se il tuo cane ha una malattia grave, parla con il tuo veterinario per determinare qual è il percorso migliore da seguire. Potrà fornirti le migliori informazioni sulla qualità della vita del tuo cane e su quanto a lungo è probabile che viva con la malattia o il disturbo.

Se il tuo cane arriva al punto in cui sai che non è più felice, non riesce a muoversi o ha una malattia fatale, è probabilmente il momento di dire addio. Questa è una decisione che dovrebbe essere presa come famiglia, mettendo sempre al primo posto le esigenze e la qualità della vita del cane. Se decidi che è il momento di dire addio, determina chi sarà presente alla fine.

Una volta nello studio del veterinario, se hai deciso di sottoporre il cane a eutanasia, puoi rendere gli ultimi minuti molto felici nutrendolo con le cose che non poteva mangiare prima. Cose come cioccolato e uva possono mettere un sorriso sul suo viso per il tempo che gli rimane.

Puoi anche far sottoporre il tuo cane a eutanasia a casa. Se decidi di richiedere a un veterinario di venire a casa tua, sii preparato per costi aggiuntivi per la visita a domicilio. Devi anche decidere se posizionare il tuo cane fuori o dentro casa e, in quest'ultimo caso, in quale stanza.

Assicurati che almeno una persona sia presente in modo che il tuo cane non sia solo durante gli ultimi minuti della sua vita. Non vuoi che il tuo cane muoia circondato da estranei. Il processo è abbastanza pacifico, ma il tuo cane sarà probabilmente un po' stressato. Morirà entro pochi minuti dall'iniezione. Continua a parlargli, poiché il suo cervello continuerà a funzionare anche dopo che i suoi occhi si chiuderanno.

Una volta che il tuo cane se n'è andato, devi determinare cosa fare con il corpo.

- La cremazione è uno dei modi più comuni per prendersi cura dei resti. Puoi ottenere un'urna o richiedere un contenitore per spargere le ceneri del tuo cane nei suoi luoghi preferiti. Assicurati di non gettare le sue ceneri in luoghi dove non è permesso. La cremazione privata è più costosa della cremazione collettiva, ma significa che le uniche ceneri che ottieni sono quelle del tuo cane. La cremazione collettiva avviene quando diversi animali domestici vengono cremati insieme.

- La sepoltura è il metodo più semplice se fai sottoporre il tuo animale a eutanasia a casa, ma devi controllare le normative locali per assicurarti di poter seppellire il tuo cane a casa, poiché questo è illegale in alcuni luoghi. Devi anche considerare il terreno. Se il tuo giardino è roccioso o sabbioso, questo creerà problemi se deciderai di seppellire il tuo animale a casa. Inoltre, non seppellire il tuo animale nel tuo giardino se è vicino a pozzi che le persone usano come fonte di acqua potabile, a zone umide o a corsi d'acqua: il corpo del tuo cane può contaminare l'acqua mentre si decompone. Puoi anche cercare un cimitero per animali domestici nella tua zona.

Dolore e guarigione

I cani diventano membri delle nostre famiglie, quindi la loro scomparsa può essere incredibilmente difficile. Le persone attraversano le stesse emozioni e sentimenti di perdita con un cane come fanno con amici stretti e familiari. L'assenza di quella presenza nella tua vita è sconcertante, specialmente con un cane così amorevole e leale come il Cane Corso. La tua casa è un costante promemoria della perdita, e all'inizio tu e la tua famiglia probabilmente proverete un notevole dolore. Dire addio sarà difficile. Prendersi un paio di giorni di pausa dal lavoro non è una cattiva idea. Mentre le persone che non hanno cani diranno che il tuo Cane Corso era solo un cane, tu sai che non è così, ed è normale sentire il dolore e soffrire come faresti per qualsiasi persona cara perduta.

Perdere il tuo Cane Corso comporterà anche un cambiamento sostanziale nel tuo programma. Ci vorrà probabilmente del tempo per abituarti al cambio di routine. Combatti l'impulso di uscire e prendere un nuovo cane, perché quasi certamente non sei ancora pronto.

Ognuno elabora il lutto in modo diverso, quindi dovrai permetterti di soffrire in un modo che sia sano per te. Ogni membro della tua famiglia sentirà la perdita in modo diverso; quindi, lascia che i tuoi cari la vivano a modo loro. Alcune persone non richiedono molto tempo, mentre altre possono sentire la perdita per mesi. Non c'è una tabella di marcia, quindi non puoi cercare di imporla a te stesso o a qualsiasi membro della tua famiglia.

Parla di come vorresti ricordare il tuo amico e assicurati di ascoltare. Puoi organizzare un memoriale per il tuo animale perduto, raccontare storie e piantare un albero in memoria del tuo cane. Se qualcuno non vuole partecipare, va bene lo stesso.

Cerca di tornare alla tua normale routine il più possibile, se hai altri animali domestici: questo può essere sia doloroso che utile, poiché i tuoi altri animali avranno ancora bisogno di te tanto quanto prima (specialmente se hai altri cani che hanno perso il loro compagno).

Se scopri che il dolore sta ostacolando la tua capacità di funzionare normalmente, cerca aiuto professionale. Se necessario, puoi andare online per trovare gruppi di supporto nella tua zona per aiutare te e la tua famiglia, specialmente se questo era il tuo primo cane. A volte, parlare della perdita aiuta ad avviare il processo di guarigione.